오픈 더 보이스

오픈 더 보이스 (Open the voice)

발행일 2018년 5월 11일

지은이 김 중 협
펴낸이 손 형 국
펴낸곳 (주)북랩
편집인 선일영 편집 권혁신, 오경진, 최승헌, 최예은, 김경무
디자인 이현수, 김민하, 한수희, 김윤주, 허지혜 제작 박기성, 황동현, 구성우, 정성배
마케팅 김회란, 박진관
출판등록 2004. 12. 1(제2012-000051호)
주소 서울시 금천구 가산디지털 1로 168, 우림라이온스밸리 B동 B113, 114호
홈페이지 www.book.co.kr
전화번호 (02)2026-5777 팩스 (02)2026-5747

ISBN 979-11-6299-109-1 13670 (종이책) 979-11-6299-110-7 15670 (전자책)

이 도서의 국립중앙도서관 출판예정도서목록(CIP)은 서지정보유통지원시스템 홈페이지(http://seoji.nl.go.kr)와
국가자료공동목록시스템(http://www.nl.go.kr/kolisnet)에서 이용하실 수 있습니다.
(CIP제어번호: CIP2018013586)

OPEN THE VOICE

김중협 지음

오픈 더 보이스

성대를 다치지 않게 하는 안정적인 발성법부터
발성을 노래에 적용하는 방법까지
효과적인 보컬 트레이닝 기술을
전격 공개한다!

보컬 트레이너가
알려주는
성대
사용설명서

북랩 book Lab

노래는 감정을 반영하고 지친 삶을 어루만져주는 시원한 그늘 같은 존재라고 할 수 있다. 누구나 노래를 부를 수 있다. 하지만 잘 부르고 싶은 마음과 달리 몸이 좀처럼 내 마음대로 따라주질 않는다. 생각하는 대로 노래를 부를 수 있다면 얼마나 좋을까?

필자는 독자들에게 시원한 청량제 같은 보컬 트레이닝 기법을 알려주고자 많은 연구에 노력을 기울였다. 몸의 구조와 성대 사용 방법을 어설프게 배우고 익힌다면 부작용이 반드시 따르기 마련이다. 어떤 분야를 막론하고 정확한 기본기 숙지는 필수이다. 하지만 음악은 예술이며 표현과 감정이 두드러지는 분야이다. 지나치게 이론만을 추구하는 음악은 표현에서 자유로워질 수 없다. 예술과 학문의 공존이 이루어질 때 비로소 멋진 색이 나올 수 있다. 아이러니하게도 이론을 정립하며 느낀 것은 예술에는 정답이 없다는 것이다. 필자가 이 책을 세상에 내놓은 이유는 노래와 음악을 사랑하는 많은 사람들이 건강하게 오랫동안 노래 부를 수 있도록 하기 위함이다.

이 책이 노래의 정답을 정의하는 것은 아니다. A와 B 모두가 정답이 될 수 있으며 각각 다른 매력을 추구할 수 있다. 하지만 기본적인 옳고 그름은 분명해야 한다. 그렇지 않으면 분명히 음성 질환이 따를 것이며 뿌리가 없는 보컬리스트로 성장할 수밖에 없다. 여러분의 노래에 이 책이 튼튼한 양분이 될 수 있을 것이라 확신한다.

보컬 트레이닝은 성대를 훈련하는 행위이다. 성대는 근육이며 다치지 않게 훈련해야 한다. 운동선수가 올바른 자세와 정확한 동작을 취해야 부상이 일어나지 않고 선수생활을 오래 할 수 있듯이 보컬리스트 또한 근육을 훈련하는 직업군으로서 정확한 방법을 숙지하고 있어야 건강하게 오랫동안 노래할 수 있다.

감동의 시작은 탄탄한 기본기에서 이루어진다. 관객에게 감동을 주는 훌륭한 보컬리스트가 되고 싶다면 기본기를 자세히 공부하기 바란다. 정확한 기본기는 내 몸을 조절할 수 있도록 만들어주며 감정의 극대화를 불러일으키는 시작점이다.

이 책은 자신의 몸을 다루는 방법을 정확하고 올바르게 알려주는 것이 목적이다.

필자는 현재 많은 제자들을 교육하고 있다. 수업을 받으러 오는 여러 학생들과 처음 테스트를 받고 이야기를 나누며 느끼는 점은 보컬 트레이닝을 받았던 학생들도 자신의 소리와 몸의 상관관계가 어떻게 이루어지는지 전혀 알지 못하고 있었으며 스스로 목을 혹사시키고 있는 경우가 대부분이었다. 교육을 하면서 가장 안타까웠던 부분이었다.

이 책이 많은 보컬리스트와 지망생, 노래를 잘하고 싶은 사람들에게 좋은 참고서가 되었으면 좋겠다. 긴 시간 집필하는 과정에서 나 자신을 되돌아볼 수 있었다.

나에게 가장 큰 공부가 되어준 책을 여러분과 함께 나누려 한다.

2018년 5월

김종형

프롤로그 5

I. Vocalization

1. 호흡연습의 기본조건 12
2. 보컬리스트의 기본 장비: 흉복식 호흡 15
3. 호흡근을 단련할 수 있는 다양한 흉복식 호흡법 19
4. 호흡에 대해 잘못 알려진 사실 5가지 22
5. 스트레칭 및 후두 주변 근육 마사지 24
6. 목소리는 어떻게 만들어지는가? 27
7. 올바른 보컬 스탠스 30
8. 말하듯이 노래하기 위한 연습방법 32
9. 목에 힘을 뺄 수 있는 방법 34
10. 보컬 트레이닝의 핵심은 텐션(Tension) 38
11. 후두 내리기와 성대 접촉 42
12. 흉성(Chest Voice) 46
13. 중성(Middle Voice) 50
14. 두성(Head Voice) 53
15. 비성(Nasal Speech) 56
16. 가성(Falsetto), 반가성(Falsettone) 59
17. 성구의 확립과 전환 62
18. 파사지오(통과) 음역대 극복 방법 65
19. 피치 브레이크는 극복 가능한 발성 콤플렉스 67
20. 보이스&보컬 밸런스 70
21. 공명의 원리와 적용 74
22. 비브라토(Vibrato) 78

II. Vocalism

1. 보컬리스트는 몸이 악기이다　　　　　　　　　　　82
2. 호흡과 발성은 가창에 적용할 수 있어야 한다　　　86
3. 호흡은 곡의 흐름에 맞게 사용할 수 있어야 한다　90
4. Up&Down　　　　　　　　　　　　　　　　　94
5. 성대의 접촉을 느끼자　　　　　　　　　　　　96
6. 나만의 보컬 스타일을 만들자　　　　　　　　　98
7. 나를 각인시킬 수 있는 외모를 가꾸자　　　　　100
8. 노래는 그저 멋이 아닌 대화의 연장선이다　　　102
9. 녹음하는 습관을 가지자　　　　　　　　　　　104
10. 좋아하는 음식처럼 좋아하는 곡을 찾아두자　　106
11. 나를 이끌어 줄 수 있는 선생님을 곁에 두자　　107
12. 표정과 몸은 반응해야 한다　　　　　　　　　109
13. 입 모양에 따라 감정이 좌우된다　　　　　　　111
14. 노래할 때 나쁜 버릇을 없애자　　　　　　　　113
15. 가사를 외우고 악보를 스케치하자　　　　　　115
16. 장르의 개념을 정확히 인지하고 파악하자　　　116
17. 그루브는 리듬의 완성이다　　　　　　　　　　117
18. 보컬이 벤딩을 대하는 자세　　　　　　　　　121
19. 꾸밈음의 득과 실　　　　　　　　　　　　　123
20. 정확한 음정연습이 가창력을 만든다　　　　　125
21. 노래=운동　　　　　　　　　　　　　　　　127
22. 마이크 사용법　　　　　　　　　　　　　　　129

에필로그　　　　　　　　　　　　　　　　　　132
수업 후기　　　　　　　　　　　　　　　　　　134

I

Vocalization

Ⅰ. 호흡연습의 기본조건

노래를 부를 때 가장 중요한 것을 보통 호흡이라고 한다.

그 이유는 호흡으로 인해 형성된 기류가 접촉과 진동의 시작이 되기 때문이다. 그뿐만 아니라 정확한 호흡은 좋은 목소리를 내기 위한 필수 요소이다. 지금부터 보이스 트레이닝에 관한 기초부터 응용까지 단계별로 알아보자.

1) 들숨은 코를 이용해 들이마시며, 날숨은 입을 통해 내뱉는다.

TIPS

들숨 시 숨을 코로 들이마시는 것이 좋은 이유!

코에는 필터가 있다. 콧구멍 안쪽 비점막[1]에는 섬모가 촘촘하게 있다. 이 안에서는 늘 점액[2]이 분비된다. 분비된 점액은 이물질을 걸러내는 필터 역할을 하는 것이다. 하지만 입에는 이런 가습, 정화기능이 없다. 코를 통해 호흡을 마시면 성대가 건조한 느낌을 받지 않는데 입으로 호흡을 마시면 성대가 건조해지는 느낌을 받게 된다. 호흡 연습을 할 때는 청결한 숨이 몸 속으로 들어오게 하고 성대의 건조함을 막아줄 수 있도록 코로 들이마시고 입으로 내뱉는 습관을 기르도록 하자.

---

1   비강을 덮는 상피 및 상피하의 결합조직.
2   상피조직에 있는 점액선에서 분비되는 액체.

2) 편안한 자세를 유지할 수 있도록 하자.

경직된 몸은 우리 근육의 수축을 불러일으키며 심리적인 긴장도 또한 높아지게 한다. 어깨에 힘을 준다거나 다리를 지나치게 오므리는 자세는 좋지 않다. 본인의 기호에 따라 앉거나 서서 연습할 수 있도록 하자. 편안한 자세는 보컬의 기본이다.

3) 구부정한 자세는 우리 몸의 원리를 익히는 데 큰 방해 요소가 된다.

평소 구부정한 자세를 취하며 생활하는 사람에게 바른 자세를 요구하면 상당히 불편해한다. 습관이 되었기 때문인데 이는 우리가 발성훈련을 할 때 큰 장애물이 된다. 자세가 구부정하면 흉곽[3]의 확장이 어려워지며 상복부 복압을 제대로 느낄 수 없고 보컬리스트로서 무대에 섰을 때도 보기 좋지 않다. 보컬은 프론트맨이다. 당당하고 자신감 있게 바른 자세를 취할 수 있도록 하자.

4) 시선은 항상 전방을 바라보자.

앞서 말했듯이 보컬리스트는 항상 무대 정중앙에 위치해 있다. 관객들과 소통하고 대면한다. 보컬의 기초학습인 호흡 연습부터 시선이 전방을 향할 수 있도록 한다. 간혹 시선이 아래나 대각선으로 향한 채 호흡을 연습하는 학생들이 있다. 노래는 대화의 연장선이다. 대화의 기본은 시선을 맞추며 대화하는 것이다. 자신감을 가지고 시선은 전방을 향하여 연습할 수 있도록 한다.

---

3   흉부를 바구니처럼 싸고 있는 뼈대.

★ 올바른 자세와 시선처리는
보컬리스트가 가져야 할 기본적인 조건이다,

2. 보컬리스트의 기본 장비: 흉복식 호흡

보컬리스트는 성대와 몸을 정확히 사용하는 기술이 필요한 사람이다.

기술자에 비유하여 '장비'라는 단어를 사용해 보았다. 어떤 장비를 갖추고 있느냐에 따라서 소리의 질과 느낌이 달라질 것이다. 좋은 장비를 갖추어보자. 보통 사람들은 일상생활에서 흉식 호흡을 하게 된다. 흉식 호흡이라는 것은 말 그대로 가슴 흉(胸) 자를 써서 가슴을 움직여 호흡을 들이마시는 방법이다. 남성보다는 여성이 흉식 호흡에 발달돼 있다. 여성은 남성과 달리 복부에 자궁이 있고 복근의 긴장도가 상대적으로 남성보다 약해서 흉식 호흡이 활성화되어 있는 것이다. 특히 만삭의 임산부에게 두드러지게 나타난다. 사실 흉식 호흡은 가창에 효과적이지 않은 호흡 방법이다. 흉식 호흡 시에는 주로 늑간근[1]이 작용한다. 늑간근은 호흡의 보조근으로서 늑골 사이에 있는 근육이고 외늑간근과 내늑간근으로 구분할 수 있다. 두 근육 모두 폐의 상부 쪽에서 집중적으로 사용되기 때문에 폐 내로 유입되는 공기의 양이 적어져 폐 하부에 위치한 호흡의 주 근육인 횡격막[2]의 가용도가 떨어지게 되어 깊은 호흡이 들어오지 못하게 된다. 또한 흉식 호흡 시에는 목에 있는 흉쇄유돌근[3]이 발달되어 후두의 긴장감

1 　늑골 사이에 있는 근육.
2 　가슴과 배를 나누는 근육으로 된 막.
3 　복장뼈의 위 끝과 빗장뼈의 안쪽 끝에서 시작하여 귀 뒤쪽의 유돌기로 뻗은 근육.

이 증가하게 된다. 흉쇄유돌근이 발달되면 유연하고 편안한 소리가 나오지 못하게 된다.

호흡의 가용력을 높이기 위해서는 호흡의 주근육인 횡격막과 복근(상복근)의 많은 작용이 필요하다. 복근은 복부 안에 있는 근육을 지칭한다. 횡격막은 일명 가로막이라고 불리는데 가슴과 복부를 나누는 근육으로 된 막이라고 해서 횡격막 또는 가로막이라고 불린다. 노래를 배워보거나 관심이 있는 사람은 한 번쯤은 들어 보았을 몸의 기관이다. 우리가 흉복식 호흡을 연습해야 하는 가장 큰 이유는 늑골이 폐를 감싸고 있기 때문이다. 늑골의 팽창, 즉 흉곽의 팽창이 이루어져야 폐가 활성화될 수 있고 그와 함께 횡격막이 자연스럽게 하강해야 폐부의 팽창이 가속화된다.

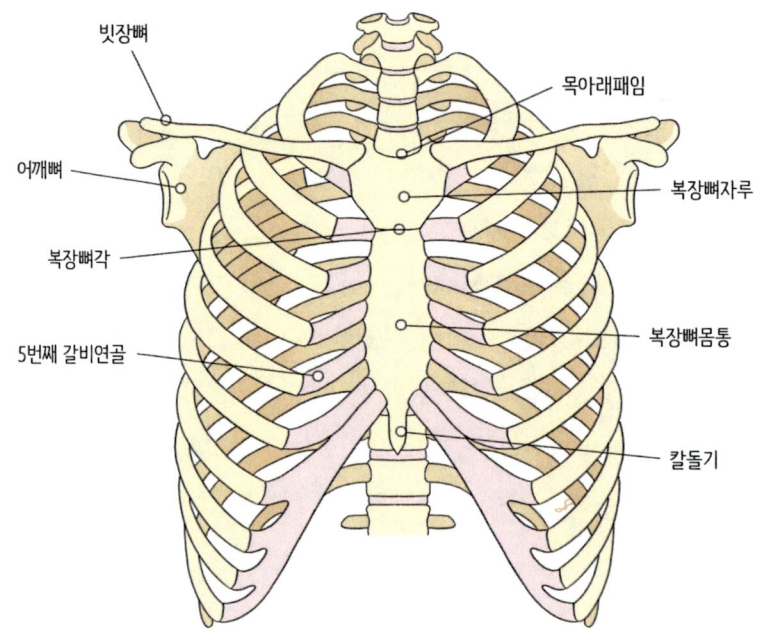

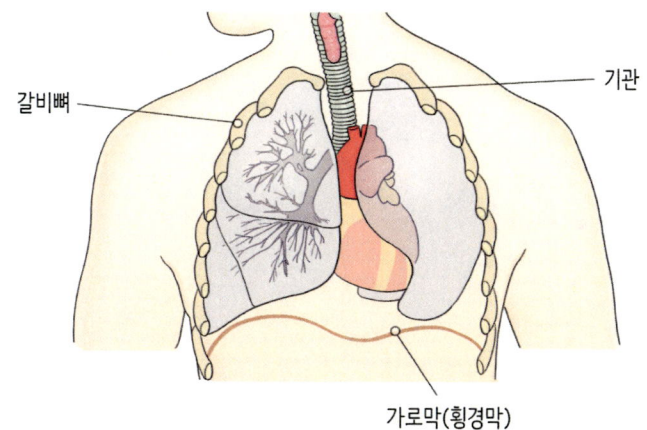

갈비뼈

기관

가로막(횡경막)

흉복식 호흡 연습방법

1. 편안한 자세를 취한다.
2. 들숨 시 상복부가 먼저 팽창할 수 있도록 한다.
3. 자연스럽게 양쪽 늑골(갈비뼈)을 팽창하여 흉곽 전체를 확장시켜 준다.
4. 이때, 어깨는 올라가지 않도록 주의하여야 한다(어깨가 벌어지는 움직임은 필요하다).

※ 상복부가 먼저 팽창되는 이유는 횡격막의 하강이 먼저 이루어져야 양쪽 폐부가 팽창되고 그로 인해 흉곽이 확장될 수 있기 때문이다. 흉곽을 먼저 확상하고 상복부를 확장하려고 한다면 깊은 호흡을 들이마실 수 없게 된다.

※ 어깨가 올라가지 않아야 하는 이유는 어깨가 올라가게 되면 후두가 상승하게 되기 때문이다. 후두가 상승하면 성대협착이 발생하고 비음이 활성화되어 공명이 줄어든다. 흉곽의 확장을 위해 어깨는 움직여야 한다. 단, 어깨가 절대 올라가지 않게 연습한다.

※ 올바른 흉곽의 확장을 위해 흉복식 호흡 연습 시 항상 허리는 곧게 펴주도록 한다.

★ 흉식, 복식 한 가지의 호흡 방법만으로는
깊은 들숨이 이루어지지 않는다.
흉복식 호흡을 습관화할 수 있도록 하자.

3. 호흡근을 단련할 수 있는 다양한 흉복식 호흡법

늑골이 팽창되는 느낌이 어떤 것인지 잘 모르는 사람도 있을 것이다.

평소 인식하며 사용하지 않았던 곳이지만 우리 몸은 항상 사용해 왔기에 조금만 집중한다면 금방 느낌을 알 수 있게 된다. 쉽게 연습할 수 있는 방법을 알아보자.

① 왼쪽 갈비뼈에 두 손을 얹어준다.

② 인위적으로 왼쪽 갈비뼈만 팽창, 수축을 병행하여 호흡할 수 있도록 한다. (9~10회 실시)

③ 다음은 오른쪽 갈비뼈를 마찬가지로 팽창, 수축을 병행하여 호흡할 수 있도록 한다. (9~10회 실시)

이때 한 부분씩 바라보며 인위적인 팽창을 유도해 늑골호흡을 이해할 수 있도록 하자.

위의 연습방법은 늑골이 팽창되는 느낌을 집중적으로 훈련하는 방법이다. 이제 흉복식 호흡을 본인이 얼마나 효율적으로 하고 있는지

자가진단할 수 있는 방법을 알아보자.

1) 두 손을 횡격막 가운데 모은 다음 중지손가락 끝을 붙여 놓는다.

이때 손을 횡격막 가운데 두는 이유는 늑골의 확장과 상복부의 팽창을 느껴보기 위함이다. 들숨 시 늑골을 확장시킨다. 이때 호흡의 보조근육인 대흉근, 척추기립근 등 상체의 팽창을 유도할 수 있도록 적극적인 움직임이 요구된다. 들숨 시 횡격막 가운데 위치한 두 손을 바라보자. 중지손가락 사이가 늑골의 팽창으로 인하여 벌어지게 될 것이다. 손가락이 벌어지는 정도를 관찰하며 호흡이 잘 되고 있는지 확인할 수 있도록 한다. 늑골이 팽창하면서 폐로 유입되는 호흡의 양이 자연스레 많아져 풍부한 호흡을 확보할 수 있게 된다.

2) 기지개를 켠다.

　우리가 흉복식 호흡을 하는 이유는 확장된 흉곽에 의해 폐부가 커져서 자연스럽게 호흡의 유입량을 많이 확보할 수 있기 때문이다. 흉곽의 확장에 도움이 되는 동작으로 '기지개'가 있다. 기지개를 하며 호흡훈련을 하면 이 느낌을 보다 쉽게 알 수 있다. 방법은 간단하다. 들숨 전 몸을 웅크려준다. 들숨과 동시에 기지개를 켜보자. 이때 팔을 높게 들어올리고 하체와 허리를 스트레칭해주면 몸의 근육이 이완되어 호흡의 확장성을 훨씬 잘 느낄 수 있게 되며 흉곽이 넓어지는 느낌을 쉽게 알 수 있을 것이다.

★ 흉복식 호흡 훈련 시
적극적인 몸의 움직임이 필요하다.

4. 호흡에 대해 잘못 알려진 사실 5가지

1) 노래할 때 호흡을 많이 들이마시는 것이 좋다?

우리가 노래할 때 지나치게 호흡을 많이 들이마시게 되면 상체에 반동이 생겨 성대 협착의 원인이 된다. 가창 시 호흡량이 부족하다고 느끼는 경우는 폐 기능 또는 폐활량의 활용도가 떨어져서 그럴 수도 있겠지만 대부분 호흡을 지나치게 많이 내뱉는 것이 가장 큰 원인이다.

2) 흉식 호흡은 쓰면 안 된다?

복식 호흡과 더불어 흉식 호흡이 같이 이루어져야 완전한 가창 호흡이 된다. 다만 어깨가 위로 올라가는 흉식 호흡은 후두를 상승시켜 기도가 막히게 된다. 후두가 올라가면 주변 근육이 긴장되어 성대가 협착된다.

3) 복식호흡은 아랫배로 하는 것이다?

가장 잘못 알려진 호흡방법이다. 우리 몸의 호흡 주 근육은 횡격막과 상복부이다. 하복부가 팽창의 기준점이 된다면 호흡의 보조근을 중심으로 호흡하게 되어 흡기량이 떨어지게 된다. 상복부를 팽창하고 흉곽을 확장시키는 호흡이 폐활량의 운동 능력을 향상시킬 수 있는 좋은 방법이다. 따라서 호흡의 주 근육은 횡격막과 상복부라고 정의 내리는 것이 올바르다.

4) 상체는 움직이지 않고 복부만 움직이는 것이 복식호흡이다?

들숨 시 폐로 유입되는 공기는 자연스러운 흉곽의 확장을 일으킨다. 가슴이 확장되는 것은 당연한 것이다.

5) 호흡을 길게 내뱉기 위해 복부에는 힘을 주어야 한다?

복부 전체에 힘을 주어보자. 목 근육에 힘이 들어갈 것이다. 복부 전체에 맹목적으로 과도하게 힘을 주는 것은 오히려 근육의 수축을 일으켜 성대 또한 지나치게 긴장하게 된다. 흉복식 호흡을 이용해 흡기하였을 때에 발생하는 상복부와 흉곽의 압력을 유지하는 것이 가장 올바른 호흡 유지 방법이다. 들숨 시 팽창한 상복부와 흉곽에 집중할 수 있도록 한다.

과도한 복부 긴장은 금물이다.

★ 가장 좋은 호흡은
편안함이 동반된 호흡이따,

5. 스트레칭 및 후두 주변 근육 마사지

발성 및 가창 연습 전 많은 이들이 간과하는 것이 있다.

바로 충분한 스트레칭이다. 이것을 건너뛰고 소리를 내면 성대근육에 부담을 안겨 향후에는 성대질환으로 이어질 수도 있게 된다. 연습 전 간단한 스트레칭과 마사지를 통해 성대를 보호하고 편안하게 연습할 수 있도록 하자.

1) 발성 스트레칭

① 입술 떨기

안면근육을 풀어주고 일정한 호흡을 내뱉을 수 있어 효과적이다. 또한 성대를 스트레칭하는 데 좋다. 성대 접촉이 약한 사람이 지속적으로 훈련해주면 좋은 방법이다. 목을 풀어주는 연습방법 중 가장 대중적이다. 하지만 잘못 연습하는 경우도 더러 있다. 스케일을 이용하여도 좋고 막연한 음으로 연습하여도 좋다. 단 가온 도를 넘는 음을 낼 때는 가성으로 가볍게 소리 내어 주는 것이 좋다. 구강을 열고 내는 소리가 아니기 때문에 공명을 증폭할 수 없어서 높은 음을 낼 때 목이 조여지게 된다. 입술 떨기가 잘 되지 않는다면 후두를 내리고 '우'라고 소리 내어 보자. 일정하게 소리를 내뱉고 부드럽게 연결하여 입술 떨기를 시도해보자. 성대를 접촉하여 입술 떨기가 더 원활해질 수 있도록 유도하는 방법이다. 다른 방법으로는 입꼬리를 손으로 살짝 눌러보자. 입술의 접촉력이 증가하여 진동이 활발하게 일어날 것이다. 입술 떨기를 연습할 때는 음색을 만들어주며 소리 내야 효과가 있다. 무미건조하게 소리 내면 입술 떨기의 효과를 볼 수 없다.

② 혀 떨기

혀는 언어의 발음에 중요한 신체기관이다. 노래는 다양한 발음으로 표현되는데 혀 떨기를 통해 혀 근육을 이완하고 그로 인해 자연스러운 발음을 도와주는 스트레칭 방법이다. 입술 떨기와 마찬가지로 스케일 또는 다양한 음으로 가볍게 소리 내어 주면 된다. 주의할 점 역시 입술 떨기와 같다. 혀 떨기가 잘 되지 않는다면 시작할 때 '아르'라는 발음을 내며 소리 내어 보자. '르' 발음에서 진동을 느낄 수 있을 것이다. 적당하게 호흡을 내뱉어 주면서 부드럽고 편안하게 연습하자. 혀 떨기는 성대를 열어주는 발성이기 때문에 성대가 과접촉되는 사람에게 효과적이다.

2) 목 주변/상체근육 스트레칭

① 두 엄지손가락을 턱에 받친 후 머리를 위로 젖혀준다.
② 깍지를 끼고 뒤통수를 감싼 뒤 머리를 아래로 내려준다.
③ 오른손으로 왼쪽 머리를 감싼 뒤 오른쪽으로 젖혀준다.
④ 왼손으로 오른쪽 머리를 감싼 뒤 왼쪽으로 젖혀준다.
⑤ 양손을 어깨에 대고 360도 회전해준다. 이때 최대한 근육이 이완될 수 있도록 늘려준다.

3) 목 주변/상체근육 마사지

① 목 가운데 갑상연골(후두)을 부드럽게 마사지한다.

② 귀 아래부터 쇄골까지 이어져 있는 흉쇄유돌근을 마사지한다.

③ 어깨와 뒷목을 부드럽게 마사지한다.

④ 턱 근육을 두 엄지손가락을 이용해 꾹꾹 눌러준다.

⑤ 양 볼과 턱을 부드럽게 손끝으로 마사지한다.

★ 스트레칭 진행 중에는
들숨과 날숨이 순환될 수 있도록 하자,
근육의 이완을 원활히 도와줄 수 있다,

★ 발성 전 충분한 스트레칭과 마사지를 통해
근육을 이완할 수 있도록 하자,

6. 목소리는 어떻게 만들어지는가?

노래를 부른다는 것은 언어행위 중 최상위 기능을 나타내는 것이다.

'말하듯이 노래하라'는 말이 있듯이 노래는 말의 연장선이다. 목소리의 형성과정에 대해 간략하게 알아보도록 하자.

1) 기류의 형성

소리가 나오기 전에 우리는 '호흡' 순환을 하게 된다. 들숨과 날숨이 반복되는 이때, 우리 몸에서는 에너지가 공급되고 폐에는 탄성회복작용이 일어나 상체에 압력이 발생하게 된다.

2) 성대접촉

기류로 인해 발생한 상체의 압력은 성대접촉을 자연스레 유도한다. 상복부와 흉곽에 발생한 압력이 후두까지 전해져 후두 안에 있는 성대가 접촉하게 된다. 이것을 성대가 진동한다 해서 보통 성대접촉이라 한다.

3) 성대원음과 배음 생성

성대가 진동하며 원음이 발생하고 원음에서 파생된 다양한 배음들이 우리 소리에 존재한다. 생성된 다양한 음을 이용해 우리는 각기 다른 음정의 소리와 감정표현을 할 수 있다.

4) 공명음

1, 2, 3번에서 생성된 음은 인두강을 통해 소리로 변환된다. 이때 소리는 두 갈래 길을 만나게 된다. 바로 구강과 비강[1]이다. 정확하고 탄탄한 소리는 반드시 구강을 통해 나와야 한다. 발성편에서 자세히 다루겠지만 구강은 공명강[2]이라 하여 우리 소리의 울림을 증폭시킬 수 있는 공간이고 비강은 다소 공명을 감쇄시키는 공간이다. 따라서 소리를 전달하는 것보다 감정표현을 할 때 쓰는 것이 좋다. 구강과 비강에서 발생된 공명음을 잘 다룰 줄 안다면 좋은 보컬리스트가 될 수 있다.

5) 목소리의 완성

4번까지 진행되어 방출된 목소리는 우리가 대화할 때와 노래할 때 쓰이는 소리로서 최종적으로 표현된다.

◇◇◇◇◇◇◇◇◇◇◇◇◇◇◇◇◇◇◇◇◇◇◇◇◇◇◇
1   코의 등쪽에 있는 코 안의 빈 곳.
2   공명을 일으키는 몸 안의 빈 속.

★ 목소리의 생성과정을 통해 보다 소리에 대한 이해와 개념을 바로 잡을 수 있도록 하자,

7. 올바른 보컬 스탠스

노래는 운동이다.

운동능력의 가장 기본은 정확하고 편안한 자세다. 특히 불수의근(不隨意筋) 중 하나인 성대를 다루는 발성훈련은 자신의 신체에 맞는 적절한 자세가 필요하다. 훈련으로 조절 가능한 성대는 몸의 메커니즘만 정확히 익힌다면 누구나 소리를 풍부하고 멋지게 낼 수 있다. 노래할 때 좋은 자세를 알아보자.

1) 서 있는 상태에서 하체 간격은 어깨넓이 정도를 유지하자.

하체는 우리 몸의 중심이 된다. 이 중심의 간격 또한 우리가 노래할 때 중요하게 생각해야 할 부분이다. 하체간격이 너무 모아지게 되면 중심이 앞뒤로 쏠릴 수 있다. 그렇다고 간격이 너무 벌어지면 자세 자체가 힘들어진다. 어깨넓이가 기준이 된다는 생각으로 노래하자.

2) 시선은 전방을 향하며 턱은 들어올리지 않는다.

무대에서 노래를 부르는 사람이 땅바닥을 보고 노래한다면 시각적으로 어떻게 보일까? 자신 없어 보일 것이고 무대장악력이 떨어질 것이다. 항상 시선은 전방을 향하며 자연스럽게 관객과 눈을 맞추는 것이 좋다. 노래를 할 때 턱을 들어 올리게 되면 후두가 올라가게 되어 주변근육이 긴장하게 된다. 턱은 증명사진을 찍듯이 약간 당겨주어야 한다. 노래는 듣는 것도 중요하지만 그만큼 보이는 것도 중요하다. 이론적인 발성과 더불어 시각적인 면에서도 자세는 노래에 있어서 밀접한 관련이 있다.

3) 노래할 때 어깨가 지나치게 올라가지 않도록 한다.

노래할 때 유독 어깨가 많이 올라가는 사람들이 있다. 이런 유형의 특징은 호흡이 고르지 못하며 곡을 완창하지 못하는 것이다. 어깨가 올라간다는 것은 흉복식 호흡이 아닌 흉식 호흡의 구조를 띄는 것인데 흉식호흡이 활성화되면 횡격막보다는 호흡의 보조근인 늑간근[1]을 많이 쓰게 되어 깊은 들숨이 어렵고 어깨가 올라가면서 후두가 상승하여 성대 협착을 유도하게 된다.

TIPS

노래할 때 어깨를 편안히 고정시키는 방법

노래할 때 어깨를 편안히 하는 방법은 간단하다. 들숨에서 흉복식 호흡에 집중하여 호흡을 들이마시고 내뱉는 숨인 날숨에서 팽창된 흉곽과 상복부에서 그대로 호흡이 빠져나갈 수 있도록 연습하는 것이다. 이때 필요한 것이 팽창된 부위의 긴장을 유지하면서 호흡을 내뱉는 것이다. 거울을 보면서 연습하는 것이 효과적이다.

★ 자세에 따라 목소리가 달라진다,

---

1   늑골사이에 있는 근육.

8. 말하듯이 노래하기 위한 연습방법

말하듯이 노래하려면 말 그대로 말하는 연습을 많이 해야 한다.

조건이 있다. 정확하고 올바른 발성을 사용해야 한다는 것이다. 말하는 방법이 올바르지 못한 사람은 노래를 부를 때에도 잘못된 발성으로 인해 중·고음부로 연결이 힘들어지며 성대의 피로도가 증가하여 오랜 시간 동안 소리를 내지 못한다. 올바른 말하기 연습을 통해 발성 능력을 향상 시켜보자.

1) 흉복식 호흡을 습관화하자.

목소리의 형성 과정에서 배웠듯이 기류의 형성은 소리를 내기 위해 우리 몸에서 가장 먼저 일어나는 반응이다. 문장을 읽고 숨을 내쉴 때 흉복식 호흡을 습관화하여 소리에 힘을 실어보자.

2) 성대 접촉력은 강하게! 몸은 편안하게!

성대가 잘 접촉될 수 있도록 소리를 낼 때는 단단하게 낼 수 있도록 하자. 성대의 피로도가 빨리 찾아오거나 질환이 생기는 사람들은 허스키하거나 숨이 새는 듯한 목소리 톤으로 말하는 경우가 많다. 그들은 이런 연습이 어색해서 소극적으로 소리 내거나 힘없이 발성하는 경우가 많다.

그러나 자신감을 가지고 당당하게 연습할 수 있도록 한다. 우리 소리는 어떤 심리를 가지고 있느냐에 따라서 많이 달라진다. 필자가 제자들을 교육할 때 단단한 소리에 대한 느낌을 찾지 못하는 학생이 몇몇 있었다. 간단하게 느낌을 알려주겠다. 검지와 중지를 후두에 올려놓고 소리를 내보자. 울림이 느껴질 것이다. 호흡을 많이 내뱉을수록 울림은 작을 것이고 단단하게 소리 낼수록 후두의 울림이 명확하게 느껴질 것이다. 이 울림을 기준으로 소리가 붙는 것과 붙지 않는 것에 대한 개념이 정리될 것이다. 주의할 점은 소리를 단단하게 낼 때 몸을 경직시켜 소리 내는 것이다. 어깨에 힘은 빼고 허리는 꼿꼿이 펼 수 있도록 하자. 편안하고 올바른 자세는 정확한 소리를 내기 위한 기본이다.

3) 가사를 읽어보자.

노래를 부르기 전에 위에 설명했던 방법들을 기반으로 천천히 읽어보자. 읽을 때의 느낌을 성대가 기억할 수 있도록 반복적인 말하기를 통하여 성대접촉을 만들어 주는 것이다. 가사를 읽을 때는 원음보다 낮은 음으로 편안하게 말하듯이 읽어주면 된다. 예를 들어 10번을 읽어본다고 가정할 때 1~3번째는 편안하고 단단하게 읽어주도록 하며 4~6번째는 호흡을 적당히 섞어서 노래하듯이 읽어보도록 하고 7~10번째는 전보다 높은 음으로 읽어보는 것이다. 본인의 상태에 따라 무리하지 않게 연습한다.

★ 보이스 트레이닝이 우선시되어야
보컬 트레이닝의 효과가 뚜렷하게 나타난다,

9. 목에 힘을 뺄 수 있는 방법

독자들이 어쩌면 가장 궁금할 부분일 것 같다.

'목에 힘을 빼고 노래하라'는 말을 많이 들어 보았을 것이다. 호흡·발성편 8번에 나왔듯이 말하듯이 노래하는 것이 기본이며 이것이 가장 중요하다. 그렇다면 어떻게 목에 힘을 빼고 노래할 수 있을까? 5가지 방법을 통해 연습해보도록 하자.

1) 목소리를 내지 않은 상태에서 손바닥으로 목을 감싸보자.

목이 긴장하지 않았으며 편안한 상태를 확인할 수 있게 된다. 그 상태를 기억하자. 그 상태에서 자신이 편하게 낼 수 있는 음역으로 '아'라고 소리 내어 보자. '아'라고 목소리를 내었을 때 목을 시작으로 구강 안쪽에서 느껴지는 울림에 집중해보자. 그 울림은 우리 몸에서 발생하는 천연 마이크인 셈이다. 음을 높여가며 울림은 증폭시켜 보자. 상행음이 진행되면서 울림이 줄어드는 것이 느껴진다면 인두강이 좁아져 구강으로 가는 소리의 울림이 줄어들었다는 뜻이다. 이때는 후두를 하강하여 성대를 접촉시키고 구강을 열어 주는 것이 좋다. 반복적인 상행음 진행을 통해 내 몸이 기억할 수 있도록 하자.

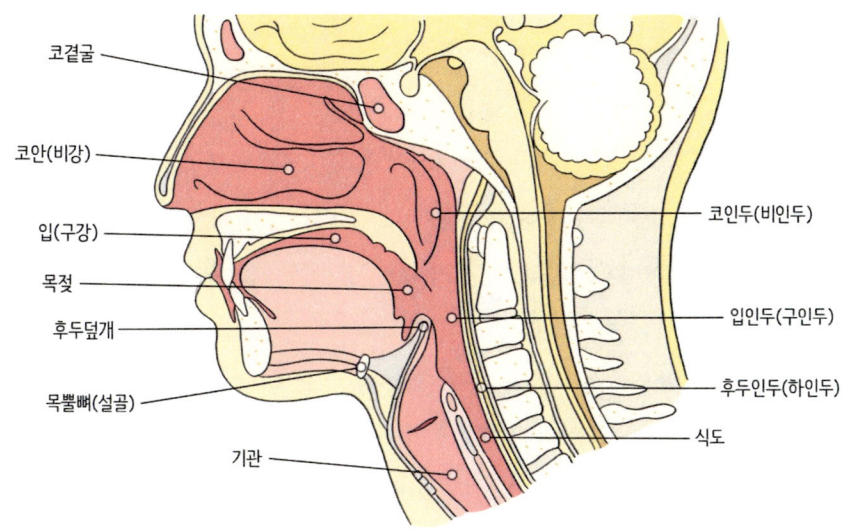

코곁굴

코안(비강)

입(구강)

목젖

후두덮개

목뿔뼈(설골)

기관

코인두(비인두)

입인두(구인두)

후두인두(하인두)

식도

2) 혀의 위치를 파악하자.

　방금 '아'라고 소리 냈을 때 혹은 평소에 발성이나 노래를 부를 때 자신의 혀가 안쪽으로 들
어가거나 바깥 쪽으로 나오는지 파악하자. 혀가 안쪽으로 들어가게 되면 후두의 위쪽에 있
는 후두개[1]를 눕혀 인두의 아래쪽을 막게 된다. 또한 연구개[2]도 뒤로 물러나 인두[3] 위쪽을 막
아버린다. 이러한 상태는 혀와 연구개가 비인두와 하인두를 막아버려 호흡과 목소리가 원활
하게 통과되지 못한다. 간단하게 정리하면 혀가 목구멍을 막는 것이다. 혀의 위치는 항상 안
쪽으로 들어가는 것, 또는 뒤로 물러나는 것이 아닌 구강 바닥에 편안하게 내려간 상태가 좋
다. 아래턱을 살짝 내려 주는 것이 좋다. 소리 낼 때 혀에 지나친 힘이 들어가지 않는지 체크

1　음식물이 기도로 유입되는 것을 막아주는 기관.

2　입천장에서 비교적 연한 뒤쪽 부분.

3　구강과 식도 사이에 있는 소화기관.

하면서 연습하자.

3) 숨을 많이 쉬려 하지 말자.

대부분의 사람들이 노래할 때 쉼표에서 숨을 최대한 많이 확보한 후 다음 소절을 이어가는 식의 노래를 부른다. 하지만 이런 습관이 우리 몸에 압력을 지나치게 상승하게 만들고 그로 인해 목에 힘이 들어가게 되는 상태를 만드는 것이다. 독자들은 의아해 할 것이다. 왜? 당연히 호흡을 많이 마시고 노래해야 편하게 소리 낼 수 있지 않은가? 그렇다면 지금 호흡을 크게 들이마셔 보아라. 호흡을 크게 들이마실 때 우리 몸에서 '반동'이 생길 것이다. 그 반동이 성대 협착을 불러일으킨다. 당연히 목구멍이 좁아질 수밖에 없는 상태가 되는 것이다. 호흡을 들이마실 때는 적당하게 편안한 느낌으로 마셔주는 것이 가장 이상적인 호흡이다.

4) 상체에 힘을 빼고 거울을 보며 연습하도록 하자!

제자들을 가르칠 때 보면 발성하거나 노래할 때 지나치게 상체에 힘이 많이 들어가는 경우를 볼 수 있다. 상체에 들어가는 힘은 고스란히 목근육의 압력상승으로 이어진다. 자신이 소리 낼 때 몸에 힘이 많이 들어가는 스타일이라면 거울을 보며 연습할 수 있도록 하자. 내 모습을 보며 상체에 힘이 들어갈 때 인위적으로 본인 스스로 몸에 힘을 빼는 연습을 해야 한다. 몸에 힘이 많이 들어가는 사람의 경우 목구멍이 조여져서 낮은 음역대를 가진 경우가 대부분이다.

5) 소리는 점점 멀어지는 것이다.

일반적으로 발성에 문제가 있는 사람들의 이미지 트레이닝 특징은 노래를 부를 때 바로 앞에 소리를 위치해 두는 것이다. 급하고 불안하기 때문에 누르듯이 소리 내는 경우가 많다. 음정이 올라갈수록 구간이 진행될수록 소리가 점점 멀어진다고 생각해보자. 이러한 이미지 트레이닝은 발성 시에 심리적인 여유를 찾아준다. 어떠한 사물을 지정해주는 생각도 좋다. 3개의 음정이 있다고 가정해보자.

'도-레-미(피아노의자-피아노-벽)' 이런 순서대로 음정을 상행하며 사물의 위치를 점점 멀리 지정해 보도록 하자. 막연히 소리 내는 것보다 훨씬 편안함을 느낄 수 있을 것이다.

★ 점점 멀어지는 소리의 느낌과 더불어
성대접촉과 구강 안의 공명은
항상 기반이 되어야 한다,

10. 보컬 트레이닝의 핵심은 텐션(Tension)

8, 9번에서 편안함을 강조했다면 이번 내용에서는 긴장과 자극에 의한 발성법을 알리려 한다.

텐션(Tension)은 '긴장 상태', '팽팽함'이라는 뜻이다. 많은 학생들이 연습할 때 간과하는 것이 있다. 이완만 지나치게 추구하는 것인데 성대가 접촉하고 탄탄한 발성이 나오기 위해서는 적당한 긴장이 동반되어야 한다. 목에 힘을 빼고 부드럽게 소리 내는 것도 중요하지만 성대 접촉력을 강화하는 훈련도 반드시 필요하다. 적절하게 연습방법을 섞어 다양하게 몸의 원리를 파악하여 보자.

1) 자음을 된소리로 연습하자.

스케일 발성 연습 시 보통 모음으로만 연습하는데 노래가사에는 모음과 더불어 반드시 자음이 함께 있다.

'아, 에, 이, 오, 우'라는 단모음으로 연습할 경우 자음을 붙여 '가, 게, 기, 고, 구'로 부드럽게 성대를 접촉하여 발성한다. 익숙해지면 이번에는 '까, 께, 끼, 꼬, 꾸'로 성대에 긴장감을 주며 발성한다. 상행 후 하행음의 1도로 돌아올 때에는 길게 발성하여 공명과 성대접촉을 느끼며 정리할 수 있도록 한다. 주의할 점은 혀의 위치가 지나치게 위로 올라가지 않게 만들어 주는 것이다. 후두를 약간 하강시켜 혀의 위치가 바닥에 머물 수 있도록 유도하여 주는 것이 바람직하다. 성대가 접촉하는 느낌을 느낄 수 있으며 보다 강하게 소리 나오는 것을 느낄 수 있게 된다.

2) 턱과 후두를 당겨주어 목구멍을 열자!

접촉이 이루어져야 진동이 발생하고 그 진동에 의해 소리의 공명이 형성 된다. 하지만 올바른 방법이 갖추어지지 않은 상태의 힘은 목을 지치게 만 든다. 목구멍을 열어준다는 것은 인두강을 확장시켜준다는 것이다. 인두강 이 확장되려면 목에도 힘이 있어야 한다. 이 '힘'의 정도는 내가 턱을 당겼을 때 자연스럽게 후두가 하강하며 느껴지는 긴장감 정도를 뜻한다. 반드시 적당량의 긴장이 존재해야 오히려 발성이 편안하게 나올 수 있다. 턱을 당 기고 후두가 하강된 느낌을 받았다면 흉강은 열어두고 상복부와 횡격막의 압력을 조절하여 흉곽을 확장시키는 것이 중요하다. 다수의 앞에서 자기소 개를 할 때 정도의 볼륨으로 문장을 읽어보자. 너무 크지 않고 작지도 않 게!

3) 발성은 호리병처럼!

호리병은 아랫부분이 둥글고 윗부분은 잘록한 모양이다. 많은 사람들이 호리병을 거꾸로 해놨을 때처럼 아랫부분은 잘록하고 윗부분이 둥글게 소리 낸다. 턱을 치켜들고 후두는 한껏 올려 입 모양의 느낌에만 집중하여 소리를 높게 띄우려 하는 학생들을 많이 볼 수 있었다. 이는 목에 과중한 부담을 안겨주는데 몸의 긴장과 성대의 자극을 유지하는 방법을 알고 있다면 더 이상 목을 피로하지 않게 만들 수 있다. 지나친 릴랙스는 오히려 발성을 약하게 만든다는 것을 잊지 말자! 발성을 호리병처럼 만들기 위한 연습방법을 순차적으로 학습해보자.

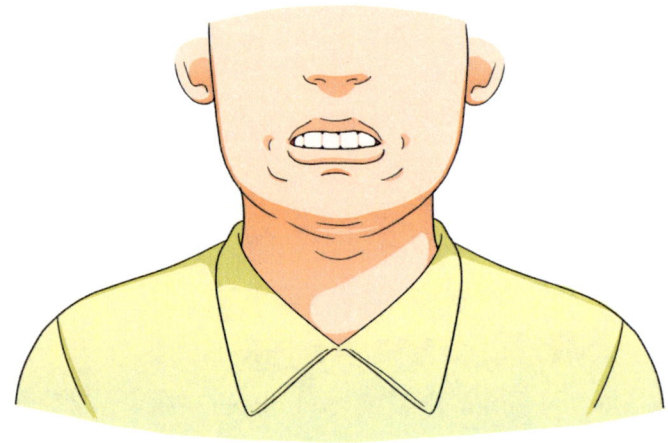

흉복식 호흡-흡기로 인해 팽창된 상복부 압력 유지(흉강은 편안하게 열어둔다)-후두 하강(앞서 나열한 방법 실행 시 자연적 발생)-아래턱을 강하게 하강('으' 발음)-발성

이 방법으로 연습할 때 성대 접촉력이 강해지고 인두강이 넓어져 목구멍이 열리는 소리를 느낄 수 있게 된다. 공명강의 울림이 강하게 느껴지고 또한 느껴진 울림을 증폭할 수 있는 운

동능력이 상승한다. 아래턱에 힘이 많이 들어가는 것이 느껴질 것이다. 노래를 이렇게 부를 필요는 없다. 대중음악을 이 자세로 불러서도 안 된다. 지금은 성대근육을 훈련하고 성대접촉이 강하게 발생될 때의 느낌을 가지는 시간이다. 상체의 팽창 유지, 성대의 자극을 통해 탄탄한 발성을 만들 수 있도록 하자.

★ 적당한 긴장과 자극은 성대의 운동능력을 높여준다.

★ 위 훈련을 통해 성대 접촉력을 강화하자.

★ 반복적인 연습이 성대 근육을 활성화시킬 수 있다.

II. 후두 내리기와 성대 접촉

후두는 호흡 통로의 입구로서 발성을 논할 때 가장 중요한 부분이다.

그렇다면 노래를 할 때 후두를 어떻게 활용해야 하는지, 그로 인한 성대 접촉은 어떻게 발생시켜야 하는지 자세히 알아보도록 하자.

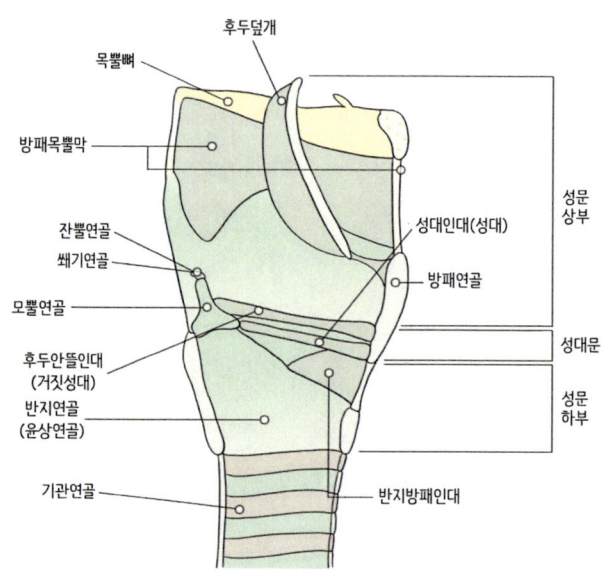

옆에서 본 후두

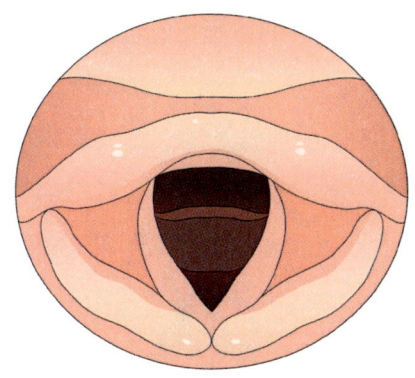

1) 먼저 후두의 위치와 기능에 대해 간단하게 알아보자.

목 중앙에 위치하고 있으며, 기관지 위, 설골[1] 아래, 식도 앞에 위치하여 있다. 얼굴을 옆면으로 보았을 때 후두(기도)는 앞쪽에 있으며 식도는 뒤쪽에 있다. 소리를 낼 때 직접적인 진동이 가장 많이 발생하는 곳이다. 후두의 크기는 남성이 여성보다 40% 정도 크다. 안각이 남성은 90°, 여성은 120°이다. 따라서 여성이 남성보다 성대 접촉이 힘든 편이다. 하지만 성대의 길이가 남성보다 얇고 길어 고음역에서는 유리한 부분이 분명히 있다. 여성의 성대 길이는 14~19㎜이고 남성의 성대길이는 18~25㎜이다. 성대의 두께는 일반적으로 2~5㎜이다. 소리는 성대의 길이보다는 두께에 영향을 많이 받는다.

따라서 우리가 소리 낼 때는 성대의 두께와 길이를 조절하는 훈련을 통해 가창을 다져야 하는데 호흡으로 밀어내어 소리 내는 보컬리스트는 성대의 체력이 빠르게 손실되고 성대 탄성력이 떨어져 음역대가 좁아지고 완창이 힘들어진다. 덧붙여 후두와 성대의 크기가 여성보

---

1   하악골과 흉골의 사이에 있는 U자형의 작은 뼈.

다 남성이 크고 굵은 이유는 호르몬의 영향이 크다. 2차 성징이 발생하는 시점에서 남성에게는 테스토스테론이라는 남성호르몬이 상당히 많이 발생한다. 이 호르몬은 후두와 성대의 크기에 크게 관여하게 된다. 반면 여성에게 생성되는 에스트로겐이라는 여성호르몬은 후두와 성대의 크기에 관여하기보다는 가슴과 엉덩이, 골반 등에 관여하여 여성이 남성보다 얇고 청명한 목소리를 가질 수 있게 된다. 후두의 구조를 조금 더 살펴보면 후두 안에 성대가 있으며 성대에서 발생하는 진동과 압력으로 인해 우리 몸에서 발성이 생성되는 것이다. 후두 맨 윗부분에 위치한 후두개[2]는 음식물을 삼킬 때 음식물이 기관지로 넘어가지 않도록 후두를 덮어준다. 발성훈련을 할 때는 후두의 위치를 올바르게 파악하고 훈련하는 것이 중요하다. 그렇다면 후두의 위치는 어떻게 조절하는 것이 바람직할까?

2) 여러 발성학에서 강조하고 있는 후두 내리기는 중요한 발성방법이 맞다.

간혹 후두 내리기는 그렇게 중요치 않으니 성대 접촉에만 신경을 쓰라고 하는 지도자들도 눈에 보인다. 엄연히 말해서 틀린 말이다. 후두가 하강할 때 성대는 자연스레 접촉하는 메커니즘을 가지고 있다. 후두가 상승하면 성대가 협착되어 소리가 원활히 나오지 못하게 된다. 그런데 대중음악은 성악과 달리 성종의 구분이 명확하지 않고 한 곡 안에서 보다 다양한 소리가 요구되어지기 때문에 지나치게 후두를 하강한 상태에서 노래를 하면 소리가 잘 나오지 않을뿐더러 듣는 사람 또한 불편할 것이다. 적당히 후두를 하강하여 때에 따라서는 후두가 상승될 때 자세를 잡아주며 성대긴장이 풀리지 않게끔 집중하여 주는 것이 좋다.

---

2 혀뿌리의 아래 뒤쪽에 있다. 음식물이 후두로 들어가는 것을 막아주는 기관이다.

3) 후두 내리기 연습방법

검지와 중지 두 손가락을 후두에 대고 혀뿌리를 살짝 내려준다. 이때 후두가 자연스레 내려가는 느낌이 손가락과 입 안에서 느껴질 것이다. 만약 잘 모르겠다면 크게 하품을 해보자. 후두가 내려가는 느낌이 잘 느껴질 것이다. 몇 차례 후 소리를 내며 후두의 하강과 상승을 함께 연습하여 준다. 이와 더불어 비브라토 연습을 병행한다면 많은 도움이 된다. 비브라토는 성대와 후두의 운동으로 인해 발생하는 가창법이기 때문에 자주 연습해 주는 것이 좋다. 후두 내리기를 할 때 주의할 점이 있다. 간혹 턱을 당기는 것이 아니라 얼굴을 내려서 연습하는 경우가 있는데 이 자세로는 후두하강이 만족스럽게 발생하지 않는다. 턱과 목을 뒤로 가볍게 밀어주는 것이 올바른 방법이다. 편안한 상태에서 후두 내리기를 연습할 수 있도록 하자.

★ 후두 내리기는 꼭 연습해야할 발성 과제!

12. 흉성(chest voice)

우리 몸에는 일반적으로 흉성, 중성, 두성 3가지의 성구가 형성되어 있다.

많은 이들이 성구를 소리의 위치에 빗대어 흉성은 가슴에서 중성은 안면부에서 두성은 머리에서 소리가 나오는 것이라고 알고 있다. 전통적이고 추상적인 방법으로는 제대로 된 소리를 찾기 힘들다. 각 성구는 흔히 일컫는 소리의 위치가 아니라 성대의 두께 변화와 진동 패턴에 의해 결정된다. 막연한 감각보다는 성구별로 그 쓰임새를 정확히 알아야 가창에서 제대로 적용할 수 있게 된다. 각각의 성구별로 훈련할 수 있는 방법을 알아보도록 하자.

1) 흉성은 성대가 두껍고 넓게 접촉하는 전체적인 접촉 상태를 지칭한다.

여자보다는 남자가 소리 내기에 용이하다. 흉성은 우리가 평상시에 흔히 쓰는 소리이다. 바로 말할 때의 목소리가 흉성인데 연습하기에도 가장 쉬운 편이다. 하지만 쉽다고 우습게 봐서는 안 될 구역이다. 흉성이 소리의 시작이며 전체적인 밸런스를 맞출 수 있는 소리이기 때문이다. 말하는 방법만 바꿔도 음역대와 소리의 질이 달라질 수 있다. 평소 부르는 노래 가사 혹은 긴 문장을 또박또박하고 정확한 발음으로 읽는 연습을 많이 하는 것이 좋다. 주의할 점은 지나치게 딱딱하고 세게 읽지 않는 것이다. 성대를 부드럽게 접촉하는 느낌이 중요하다.

2) 흉성을 쓸 때 호흡을 많이 사용하면서 발성을 하는 것은 좋지 않다.

흔히 흉성을 쓸 때 호흡을 많이 사용하면서 발성하는데 그렇게 되면 성문[1] 개방이 심해져 고음역으로 소리를 연결하기 힘들고 호흡의 사용량이 많아져 가창 시 체력이 약해진다.

노래를 완창하지 못하는 사람들의 특징이 저음구간에서 호흡을 많이 쓰는 것이다. 고음을 잘 내고 싶다면 흉성을 통해 저음역의 기본을 다지고 원리를 알아야 한다. 덧셈과 뺄셈을 못하는데 어떻게 곱셈과 나눗셈을 할 수 있겠는가. 말하듯이 노래하자는 생각을 가지고 편안하게 소리 내주는 것이 중요하다. 흉성, 즉 말하는 연습을 할 때는 소리를 내뱉어주는 느낌보다는 호흡의 진동을 느끼면서 소리를 내어주는 것이 좋다. 우리가 소리를 낼 때는 반드시 호흡에 의해 성대가 진동하게 된다. 이 진동만 잘 이용하면 힘을 많이 쓰지 않고 강한 전달력을 줄 수 있게 된다. 손바닥으로 목을 감싸면서 후두의 진동을 느껴보자. 목이 조여지게 하는 것이 아니라 저음을 낼 때 자연스러운 진동을 고음으로 유지해보자. 다음의 악보대로 소리를 훈련해보자.

C3 C4

C3와 C4 두 완전1도, 완전8도 음은 흉성구이다. 보통 남성은 E4, 여성은 F4~F#4까지 흉성구가 형성되는데 완전 1도와 8도 두 음을 통해 발성훈련을 하게 되면 낮은 음과 높은 음의 간격 이동을 보다 기억하기 수월해진다. 상행할 때 소리를 세게 내지 말고 부드럽게 1도의 성구에서 8도로 연결해주는 것이 중요하다. 들숨 시 상체와 소리의 압력을 유지하고 음의 간격이

◇◇◇◇◇◇◇◇◇◇◇◇◇◇◇◇◇◇◇◇◇◇◇◇◇
1   성대 사이에 있는 삼각형의 공간.

벌어질 때 성대를 길게 스트레칭하여 연결된 발성을 연습해보도록 하자.

전통적이지만 가슴이 울리는 느낌도 보조적으로 떠올리면서 연습해주는 것도 부가적으로 할 수 있는 방법이 된다. 하지만 필자가 위에서 설명했듯이 성구의 구역별로 성대의 두께와 길이를 조절하는 것이 가장 먼저 우선시되어야 한다. 소리는 보이지 않는 근육을 훈련하는 것이기 때문에 감각적이고 전통적인 발성법으로는 더 이상 실력이 상향되기 힘들다. 보다 명시적인 관점에서 소리훈련을 하는 것이 중요하다.

3) 흉성은 저음을 기반으로 하는 성구이다.

저음 연습을 많이 하게 되면 배음이 풍부해지는데, 넓어진 배음은 가창력에서 중요한 역할을 하게 된다. 예를 들어 A4를 소리 냈을 때 저음역이 약한 경우는 고음을 낸 것 같지 않은 느낌이 들게 된다. 편하게 발성하는 것은 좋지만 보컬리스트는 곡의 가사와 감정을 전달할 줄 알아야 한다. 듣는 관객의 입장에서는 전달력이 떨어질 수 있다. 하지만 저음역이 넓은 사람이 A4를 소리 냈을 때는 배음이 풍부하여 훨씬 가창력이 돋보일 수 있다. 이를 위해 흉성을 통한 저음연습이 필수이며 한 음을 냈을 때 소리의 지속성을 높여 연습할 수 있도록 하자. 구강을 넓게 벌려서 발성하는 것이 도움이 된다. 저음을 넓게 시작해야 고음에서 성대가 정상화된다. 잊지 말도록 하자.

★ 흉성은
가슴이 울리는 소리가 아닌
성대가
두껍고 넓게 접속하는 소리이다,

13. 중성(Middle Voice)

성구의 분류를 내릴 때 가장 어려운 구간이 중성 구간이다.

성대 진동 패턴이 정확하게 정의되어 있지 않기에 많은 이들이 오인하고 있는 경우 또한 많다. 우리가 흉성을 낼 때와 음색의 성질은 비슷하나 성구는 다른 소리가 중성인데 보다 쉬운 방법을 통해 훈련해보자.

1) 중성은 알기 어렵고 예민한 성구이다.

흉성 훈련을 할 때처럼 저음을 바탕으로 말하듯이 연습하는 것이 중요하다. C3부터 E4까지 성구를 일치시키고 일정한 톤으로 상행 발성을 진행한다.

F4부터 G4까지의 음역이 보통 중성구로 많이 나타나는데 이때 성구를 변환해야 한다.

성대는 탄성력이 있어 길이와 두께의 조절이 가능하다. C4부터는 음의 이동 간 성대의 길이를 늘려주어야 발성이 용이해진다. C4와 G4는 C코드의 코드톤[1]이다. 다음 C코드 악보를 통해 설명하겠다.

C코드의 화성음인 도, 미, 솔 비화성음인 레, 파까지 순차적으로 도, 레, 미, 파, 솔 상행 발성을 진행하여 연습한다. 이때 후두하강이 고정되어 있는 상태가 중요하며 흉성을 유지하면서 성대의 길이를 흉성보다 길게 스트레칭하여 공명강을 확장해야 한다. E4음에 도달했을 때 무거운 느낌보다는 가벼운 성대접촉과 상체압력의 유지를 통해 편안한 느낌을 가지고 발성하는 것이 중요하다.

2) 비강 공명을 이용해 중성구를 표현하는 것은 좋은 방법이 아니다.

비강에는 점막이 많고 소리 낼 때 후두가 상승되어 성도(공명강)[2]의 길이가 짧아져 오히려 공명이 감쇄된다.

중성은 흉성을 기반으로 하지만 흉성보다 부드러운 성대로 만들어야 하기 때문에 몸의 압력을 이용해 후두의 긴장을 덜어주는 것이 좋다. 추상적 방법인 소리의 위치를 느끼는 것보다 내 몸을 조절하는 것이 훨씬 쉬운 방법이다.

---

1   코드 구성음에 해당하는 음.
2   입술부터 성대까지의 길이. 공명이 증폭되는 우리 몸의 유일한 공간.

몸의 압력을 유지하여 소리 훈련을 하는 방법

벽에 두 손을 대고 팔굽혀펴기 하듯 몸을 110-120°로 만들어 준다. 팔이 구부러진 상태일 때 몸에는 압력이 발생한다. 상복부의 압력에 집중하며 성대를 스트레칭 할 수 있도록 한다. 팔을 구부려 몸의 압력이 높아질 때 위 악보의 가장 높은 음을 내어보자. 반복해서 연습하면 서있거나 앉아 있을 때의 정적인 몸동작일 때보다 소리 교정이 보다 잘될 것이다.

★ 중성은 휴성을 기반으로 한 성구의 현장이다.

14. 두성(Head Voice)

두성은 노래를 하지 않는 사람들도 흔히 들어본 단어이다.

보통은 감각적인 발성으로 많이 알고 있으며 추상적이고 전통적인 느낌으로 소리를 훈련한다. 필자가 흉성 편에서 앞서 설명했지만 소리는 몸의 위치를 기반으로 훈련하는 것이 아니라 각 성구별로 형성되는 성대의 두께와 진동패턴 그리고 길이로 정의된다. 가장 많이 알려졌지만 모두가 쉽게 낼 수 없는 두성을 간단하고 정확한 방법을 통해 연습해보자.

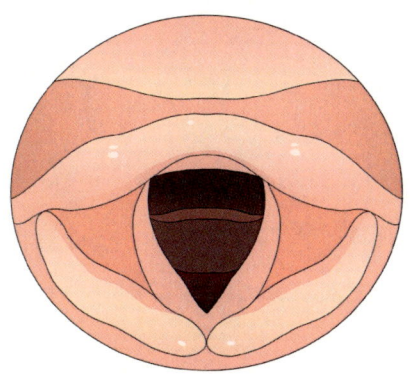

V자로 형성된 성대의 모양을 보았을 때 가장 상연부인 성대 위쪽 방향으로 얇고 길게 접촉되는 구간을 두성이라 한다.

진폭과 배음이 적고, 성문이 폐쇄되어 있는 불완전한 성대의 모양을 갖춘 소리이다. 필자는 지도자 생활을 해오면서 가성연습을 많이 하면 두성이 잘 나온다는 말도 안 되는 이론을 들은 적이 있다. 가성은 성문이 개방되어 있는 상태를 의미한다. 즉, 성대가 접촉되어 있지 않은 상태이다. 성대를 가장 많이 스트레칭하여 접촉시켜야 하는 구간을 가성으로 훈련하는 것은 무의미하다.

※ 기보음보다 실음이 1옥타브 낮음.

두성구는 보통 A4부터 시작된다. 이때 중성구보다 유연한 성대의 스트레칭이 필요하다. 두성구를 훈련할 때는 입술 떨기가 효과적이며 높은 음을 순간적으로 내는 것보다 흉성구부터 연결하여 성구를 전환시켜 주는 것이 좋다. E5를 넘어가는 고음을 지속적으로 내면 후두의 상승이 잦아져 성대가 협착되어 질환이 따르는 경우가 많다. 본인이 고음에 타고나서 F5, G5, A5 등의 음이 나더라도 목은 아껴주는 것이 좋다. 필자가 위에서 설명했듯이 두성을 낼 때 우리 성대는 아주 예민하고 연약한 상태로 돌입하게 되기 때문이다. 두성을 훈련할 때는 성대의 압력을 줄이고 공명강을 벌려주는 것이 가장 좋은 방법이다. 성대의 스트레칭이 활성화되고 구강의 공간이 넓어져 공명 또한 풍부해질 수 있기 때문이다. 필자가 제자들을 교육할 때 공명강을 벌리는 느낌을 어려워하는 제자들이 많았다. 추상적인 느낌이기 때문이다.

공명강을 벌리기 위한 연습 방법

1. 하품을 할 때 구강이 가장 많이 넓어진다.
2. 들숨 시 인두강으로 넘어가는 호흡을 넓게 마셔보자.
3. 광대를 들어 올려서 '하' 발음으로 길게 소리 내어보자.
4. 소리를 콕 찍어서 내는 것이 아니다. 부드럽게 소리 내어보자.
5. '하-아' 2음절로 뒤에 '아' 발음 시 음정을 높여주며 성대를 길게 스트레칭하여 보자.

※ 호흡으로 밀어서 소리 내는 것은 좋지 않다. 음정과 호흡은 반비례해야 한다.
   음정↑ - 호흡↓

두성을 훈련할 때는 반드시 성대가 조여지지 않도록 발성 시 기본 자세와 호흡법을 기반으로 연습해야 한다.

그렇지 않으면 성대의 질환이 쉽게 찾아오고 피로도가 축적되어 일상 컨디션에도 문제가 발생된다. 또한 두성 연습 시에는 많은 시간을 연습하지 않는 것이 좋다. 지나친 연습 시간은 성대를 지치게 만든다. 올바르고 적당한 연습 시간으로 성대의 건강과 고음의 느낌, 두 마리 토끼를 동시에 잡길 바란다!

★ 두성은 내 몸에서 낼 수 있는
가장 고음역의 성구 표현이다,
무리한 연습은 성대를 피로하게 한다,

15. 비성(Nasal Speech)

비성의 쓰임새에 따라 가창의 색깔과 표현이 달라진다.

하지만 비성을 잘못 쓰게 되면 힘이 없고 너무 얇은 소리만 나오게 되어 전달력이 약해지고 고음역의 진입이 어려워진다. 비성을 올바르게 가창에 적용할 수 있도록 연습해보자.

1) 비성은 성대의 진동에 의해 만들어진 소리가 인두강을 통해 비강과 구강의 두 갈래길 중 구강의 울림보다 비강의 울림으로 인하여 생성되는 소리인데 이때 후두가 상승하게 되면 막혀있는 소리가 나오게 된다.

흔히 콧소리가 심한 사람들은 고음에서 조임이 많아져 불편하고 딱딱한 소리가 나오게 되는데 허밍 연습을 통해 후두가 하강된 상태에서 비강 공명을 활용할 수 있다. 입을 닫고 코 안쪽의 울림으로 소리 내어보자. 이때 주의해야 할 점이 있다. 안면부 쪽의 울림이 느껴질 것이다. 하지만 안면부에서는 울림이 느껴질 뿐 이 울림을 증폭시킬 수는 없다. 소리는 공기가 진동하는 것이다. 얼굴에서는 소리가 날 수 없다. 소리는 기류의 형성을 시작으로 성대에서 발생되는 것이다. 얼굴 쪽으로 소리 낸다는 것은 옳지 않다. 그런 느낌에 의존해서는 더 이상 소리가 발전할 수 없다. 울림을 증폭하는 유일한 방법은 공명강의 확장이다. 공명강의 확장전에 허밍을 통해 비강의 공명을 파악하고 스케일 훈련을 통해 가장 높은 음에서 받침을 연결하여 소리 내어 주는 연습이 필요하다.

코드 스케일에서 가장 높은 음을 낼 때 후두를 올리거나 턱을 들면서 목에 힘을 빼게 되면 성대의 긴장이 풀려 접촉력이 떨어지기 때문에 항상 목구멍을 열어주기 위해 흉복식 호흡과 자세에 신경 써서 소리 낼 수 있도록 하자.

2) 연결음 연습법을 통해 소리의 위치를 구분하여 코 앞소리와 뒷소리를 파악해보자.

비성을 효과적으로 내려면 코 앞으로 소리를 내는 것보다 코 뒤로 소리 내는 것이 효율적이며 구강의 울림을 함께 쓸 수 있어 부드러운 비강 공명을 활용할 수 있게 된다. 예를 들어 '마'라는 1음절을 '마-아'라는 2음절로 만들어 '마'에서는 소리를 앞으로 뻗어주고 '아'에서는 코 뒤쪽(비강)을 열어주어 구강과 비강의 울림을 함께 사용하자. 소리의 초점을 맞추는 전통적인 발성 방법을 쓸 때는 몸을 써주는 것이 도움이 된다. 손을 이용해 소리의 방향을 표현해주면 훨씬 이해하기 쉬울 것이다.

(마)　　　　　　　　　　(아)

★ 비성은 소리의 톤을 효율적으로 만들어 주는 역할을 한다.
　　적절히 섞어 자신의 보컬 스타일을 만들어보자.

16. 가성(Falsetto), 반가성(Falsettone)

가성과 반가성은 필자가 현재까지 서술한 발성이론과 다른 구조의 성격을 가진 소리이다.

가성은 공기의 흐름이 많고 성대가 벌어져 있어 성문이 개방되어 있는 소리를 말한다. 반가성은 성대가 거의 붙어 있으며, 호흡 압력과 공기의 흐름이 높고 가성보다 힘이 있고 밝은 목소리의 성질이 특징이다. 가성은 성대의 가용능력이 떨어진 소리를 의미하며 몸 상태에 따라 기복이 있다. 사람에 따라 가성이 잘 되는 사람도 있고 잘 되지 않는 사람도 있다. 잘 되지 않는 사람은 가성연습을 지속적으로 하게 되면 목이 쉰 느낌을 느낄 수 있다. 반가성 또한 잘못된 방법으로 연습하면 목이 상하는 경우가 많다. 보다 편안한 방법을 통해 가성과 반가성을 효율적으로 연습하는 방법을 알아보자.

1) 가성을 연습할 때 보통 바람만 내뱉는 느낌으로 긴장감 없이 연습하는 경우가 대부분이다.

가성은 성대가 부딪히지 않기 때문에 소리가 나지 않는 사람이 방법을 모르고 막연하게 연습하면 목의 피로도만 쌓이고 소리는 나지 않게 된다. 또한 가성이 평소 잘되지 않는다면 성대 부종, 위산역류를 의심해 볼 수 있다. 예를 들어 감기에 걸렸을 때 평소 잘 나왔던 가성이 나지 않는 경우가 있을 것이다. 성대가 부어 있기 때문이다. 발성이 의심스럽다면 의학적으로 개선한 후 발성연습을 하는 것이 바람직하다. 후두내시경을 통해 성대를 체크해보는 것도 좋은 방법이다. 입술을 'ㅜ' 모양으로 만들어 주면 후두가 자연스레 하강한다. 후두가 하강하면 공명강이 넓어져 울림이 발달된다. 확장된 입 안 공간을 이용해 세게 내는 것이 아니라 부드럽게 소리 내어보자. 소리의 방향을 위로 올려서 소리 내지 말고 가슴에서 고정되어 나온다고 생각하며 연습하라. 호흡이 풍부해지고 떨림이 없어지는 느낌을 얻을 것이다. 가성 연습은 스케일 훈련보다는 1음절씩 부드럽고 편안하게 연습해 주는 것이 바람직하다. 휘파람은 공명에 의해 발생되는 소리이다. 가성의 성질이며 가성 또한 구강에서 발생하는 공명을 이용한다면 쉽게 나올 수 있는 소리이다. 공명강과 입천장의 울림에 집중하자!

2) 반가성은 성대가 거의 붙어있는 적극적인 소리의 성격을 가지고 있다.

일시적으로 흉강을 고정하여 성대접촉을 유도하는 것이 좋다. 흉강이 고정되면 후두의 하강에 도움을 준다. 가슴에 손을 얹은 상태에서 '핫'이라는 소리를 내어 흉강을 고정시켜 보자. 가슴에 얹은 손이 중심이라고 생각하자. 그 상태에서 '아'라고 소리 내며 음역을 점점 높여준다. 이때 주의할 점은 반드시 성대를 접촉하여 소리 내어야 한다는 것이다. 지속적으로 쉰 소리를 내게 되면 성대결절의 원인이 된다. 그러므로 소리의 접촉이 동반되어야 한다. 또한 지나치게 흉강을 조이면 성대도 조여지기 때문에 흉강은 항상 열어두는 것을 기반으로 연습할 수 있도록 하자. 음역이 높아질수록 상체에서 발생된 호흡에너지를 유지하며 성대의 접촉과 진동을 높여 발성하는 것이 효율적이다.

★ 가성과 반가성은 성질이 따른 소리이따, '가성'이라는 단어가 붙었따고 해서 비슷한 소리가 아닌 것이따,

17. 성구의 확립과 전환

성구란 성대의 위치와 두께, 길이 등에 따라 나타나는 목소리 종류를 말한다.

일반적으로 흉성, 중성, 두성으로 불리며 각각의 성구로 이동될 때 기존의 세팅과 톤이 변하게 되면 음이탈 현상, 불안한 발성으로 인해 음역대가 향상되기 어려우며 성대는 피로도에 노출된다. 성구를 일정하게 유지하려면 먼저 자신이 편안하게 낼 수 있는 흉성구를 찾아야 한다. 어렵게 생각할 필요 없다. 말할 때 목소리를 생각하면 쉽고 간편하게 찾을 수 있다. 정확하게 알아보자.

1) 흉성구는 성구 확립의 시작점이다.

흉복식 호흡으로 몸을 만들어주자. 몸의 호흡 순환이 완성되었으면 가볍고 탄탄하게 노래 가사나 글귀 같은 문장을 읽어보자. 성구가 각인되었다면 호흡을 흡기(吸氣)한 후 팽창된 흉곽과 상복부의 긴장을 가볍게 유지하며 후두를 하강하여 목구멍을 열어 A3음을 길게 내어보자. 성구가 흔들리거나 불안하다면 다시 이전으로 돌아가 순환 연습을 수차례 반복한다. 한 음을 길게 내었을 때 성구가 균일하게 유지된다면 성구가 확립된 것이다. 많은 연습을 통해 때와 장소를 가리지 않고 확신이 들 수 있게끔 반복 훈련을 하는 것이 중요하다. 잊지 말자. 성구의 피치컨트롤은 첫 음을 어떻게 내느냐가 중요하다!

'아'   '아'   '아' '아' '아'

2) 성구전환이란 음의 높이에 따라 성대의 진동패턴을 바꿔 주는 것이다.

가창 시 다양한 음역대를 자연스럽게 내기 위한 필수 조건이다. 앞서 말한 성구의 형성과 확립이 용이해진다면 5도 스케일 또는 음의 간격을 이용하여 성구전환을 훈련해보자.

C4   F4   G4   A4   C5

중성구   두성구
진입   진입

C4에서 C5까지 8도의 음을 이용해 상행 발성을 진행해보자. 앞서 학습했던 순서대로 '흉성구-중성구-두성구'를 연결하여 연습하는 것이다. C4에서 시작된 흉성구를 기반으로 F4 또는 G4에서 중성구로 성구전환이 이루어져야 균형 있는 톤의 유지와 안정된 발성이 이루어진다. F4 또는 G4로 진입하기 전에 흉강을 열어주어 긴장을 완화해야 한다. 또한 목을 열어주고 성대를 길게 스트레칭하여 성구의 균일함을 잃지 않도록 소리를 유지하는 것이 중요하다. 소리를 뒤로 피한다거나 두려운 마음에 힘을 많이 써서 소리를 내지르게 되면 성구의 전환이 자연스럽게 이루어지지 못하고 두성구로 고음역대를 진행하기 어려워진다. 중성구로 진입했다면 A4에서부터는 두성구로 성대의 길이와 두께를 더욱 길고 얇게 만들어 유연한 스트레칭을

진행하여 보자. 이때 가장 중요한 것은 흉곽과 상복부의 팽창을 유지하며 호흡의 양을 최대한 몸 안에서 확보하는 것이 중요하다. 내뱉어지는 호흡의 양이 많아지면 성문이 개방되어 두성구처럼 예민한 성구는 성대의 모양을 지속적으로 유지하기 힘들어진다. 1도에서 냈던 소리의 톤과 몸의 자세를 일정하게 유지시킬 수 있도록 하자. 성구전환을 연습하여 소리의 일정함을 찾는다면 언제 어디서나 확신을 가지고 가창할 수 있게 된다. 성구전환의 느낌을 잘 찾지 못할 경우에는 필자가 앞서 설명한 입술 떨기 기법을 연습하는 것이 많은 도움이 된다. 성대 접촉력과 성구 형성을 느끼는 데 보조적으로 필요한 느낌을 받을 것이다.

★ 성구의 확립과 전환은
풍부한 보컬 역량을 갖추는 데 필수적인 요소이다.

★ 음정이 진행될 때 연결되는 사이음에서
스트레칭 포인트를 두고 훈련하자.

18. 파사지오(통과) 음역대 극복 방법

파사지오(Passaggio)라는 말은 이태리어로 통과라는 뜻이다.

성구에 따른 음역을 이야기할 때 빠질 수 없는 것이 바로 파사지오이다. 파사지오 음역대는 간단하게 설명하면 저음과 중음, 중음과 고음, 흉성에서 중성, 중성에서 두성으로 전환 시에 발생하는 성구의 구간으로 정의내릴 수 있다. 필자는 파사지오에 대해 고민을 겪고 있는 많은 보컬리스트와 보컬 트레이너, 가창의 능력을 향상시키고 싶은 뮤지션들에게 정확하고 명쾌하게 방법을 알려주고자 한다.

1) 파사지오를 극복하기 위해서는 위에 설명했던 성구전환이 필요하다.

성구전환을 할 때는 성대의 스트레칭이 자유자재로 가능해야 하는데 우리 몸의 압력을 이용해 이 느낌을 얻을 수 있다. 순차적인 방법을 통해 훈련해보자.

① 어금니를 꽉 깨물어 구강 안쪽에 집중한다.

② 양볼을 부풀려 구강과 성대까지의 압력을 높인다.

③ 흉성구로 성대를 만들어주고 구강의 압력을 강하게 내뱉어본다.

이때 말할 때의 소리가 아닌 압력에 의한 진동음이 들려야 정확한 방법으로 훈련하고 있는 것이다.

2) 1)의 훈련을 하게 되면 각 성구로 구간이 이동될 때 파사지오에 대한 두려움과 부자연스러운 성구 이동이 해결된다.

훈련을 통해 메커니즘이 생겼다면 가창에서 느낌을 적용해 보자. 초반에는 쉽지 않겠지만 전과는 확연히 다른 느낌을 가질 수 있을 것이다. 막연한 느낌이 아닌 각 성구 구간의 이동에 극복이 가능한 느낌이 생길 것이다. 필자는 '애국가'로 연습하는 것을 추천한다. 다소 정적이고 단순한 리듬을 가지고 있기 때문에 쉽게 적용할 수 있을 것이다. 가창곡은 레벨을 조금씩 높여 단계적으로 진행하여 보자.

★ 파사지오는 누구나
훈련을 통해 극복할 수 있다,

19. 피치 브레이크는 극복 가능한 발성 콤플렉스

피치 브레이크란 무엇일까?

발성 훈련 혹은 가창 시 목이 좁아지거나 중·고음역에서 음이탈이 발생하고 음의 진행은 겨우 해냈지만 상당히 불안함을 느낀 부분 또는 구간을 의미한다. 또한 고음역 이후 보다 낮은 음인데도 불구하고 발성이 편안하게 나오지 못하는 것을 피치 브레이크라고 한다. 보통의 경우 전통적인 공명감각을 이용해 피치 브레이크를 극복하려는 경향이 많다. 피치 브레이크는 성구전환과 몸의 압력이 뒷받침되지 않아 발생하는 것이기 때문에 단순하게 소리의 위치를 떠올리는 추상적인 방법은 큰 도움이 되지 못한다. 피치 브레이크를 극복하여 가창의 스펙트럼을 넓혀보자!

1) 성대의 뒷부분이 벌어지지 않도록 해주는 것이 중요하다.

이는 허스키한 목소리를 가진 남성, 또는 높은 음역대를 구사하는 여성들에게 주로 발생한다. 성대의 뒤를 벌려 발성하면 소리가 가볍게 들리고 순간적으로 고음을 쉽게 낼 수 있다. 하지만 이는 성대결절의 주 원인이 되고 지속적으로 뒤를 벌려 발성하면 음역대가 오히려 낮아지는 경우가 대부분이다. E4에서 A4까지 성대의 스트레칭을 이용해 성대 뒷부분을 붙여주는 연습이 필요하다. 이때 몸의 압력을 유지하여 성대 접촉면의 전체가 붙을 수 있도록 훈련하는 것이 중요하다.

E4 F4 G4 A4

2) 흉성에서 중성구로 전환할 때 피치 브레이크가 생기는 경우가 많다.

대부분 남성들에게 나타나는 현상이고 여성들도 종종 나타나는 경우가 있다. 중성은 흉성구를 기반으로 발성하는 것이 좋다. 소리 성질이 흉성과 중성은 비슷하기 때문에 중성구 전환 시 흉성의 접촉력과 느낌을 유지하지 않은 채 중성으로 넘어가면 피치 브레이크가 쉽게 발생한다. C4~G#4 음계들을 다양한 모음과 자음을 통해 연습해 주는 것이 좋다. 좀 더 넓은 공명을 이해하고 싶다면 모음으로만 훈련하는 것도 좋은 방법이다. 이때 중성구는 흉성구의 성구를 기반으로 이동하는 것이 바람직하다. 흉강을 열고 상복부의 팽창을 유지하여 소리 내는 것이 중요하다. 반복 연습하여 확실하게 극복할 수 있도록 하자.

ex) 아 야 어 여 우 유

3) 고음역에서 비음이 많이 나는 경우도 피치 브레이크에 포함된다.

이때 후두 내리기와 구강의 확장을 통해 목구멍(공명강)을 열어주는 것이 중요하다.

★ 성대의 뒤를 벌리는 발성은
좋은 음역대와 성대질환의 가장 큰 이유이다.

20. 보이스&보컬 밸런스

앞서 설명했던 성구전환, 파사지오, 피치 브레이크 편은 소리의 균형이 무너지지 않도록 발성 테크닉을 높이는 데 도움을 주는 방법들이다.

가창력은 중요하다. 하지만 균형과 중심이 없이는 오랫동안 노래할 수 없으며 듣기에도 좋지 않다. 밸런스는 보컬리스트에게는 필수이며 목소리를 사용하는 많은 사람들이 갖추어야할 필수기능이다.

1) 볼펜을 물고 발음 연습을 해보자.

이 방법은 오래전부터 사용해왔던 방법이다. TV에서 아나운서나 성우가 되기 위해 볼펜을 입에 물고 시험을 준비하는 사람들을 보았을 것이다. 보편적으로 행해진다고 해서 무조건 해야 할 필요는 없다. 모든 이론은 실행에 앞서 '왜?'라는 물음에 명쾌하게 답을 내릴 수 있어야 한다. 볼펜을 물고 발성과 발음을 교정해왔던 독자들도 있었을 것이다. 볼펜을 물고 연습하면 발성의 균형이 잡힌다. 3가지의 이유가 있다.

첫 번째, 발성 시 입 안의 공명이 더욱 극대화될 수 있다. 파사지오 편에서 어금니를 깨물고 연습했던 것이 기억날 것이다. 이빨로 사물을 깨물면 압력이 상승하여 구강의 울림을 잘 느낄 수 있다.

두 번째 'ㅅ' 발음 시 혀가 앞으로 나와 혀 짧은 소리가 나는 사람들에게 많은 도움이 된다. 물고 있는 볼펜이 앞으로 나오는 혀를 막아주어 선명한 발음을 내는데 도움을 준다.

세 번째, 턱의 사용량을 줄여 불필요한 발성량을 줄여준다. 펜을 물고 발음하면 턱이 고정되어 있다. 이는 목소리의 균형을 찾아주는 데 도움이 된다. 틈틈이 연습하여 발성의 균형을 찾아주자.

추가적으로 덧붙이면 일각에서는 볼펜을 물고 발성과 발음을 연습하는 것이 좋지 않다고 하는 경우도 있다. 하지만 좋지 않을 이유가 전혀 없으며 펜을 너무 뒤나 앞으로 물고 연습하는 것은 지양하는 것이 좋다. 적당하게 중간 지점으로 물고 연습하길 바란다.

2) 스타카토(Staccato)를 이용한 발성

스타카토란 음을 하나하나 짧게 끊어서 연주하는 기법을 말한다. 발성에도 이 스타카토를 적용하면 순간적인 성대접촉과 구강의 울림을 강하게 느낄 수 있게 된다. 높은 음보다는 낮은 음에서 진행해주는 것이 효율적이다. A3에서 C4까지 음을 대상으로 흉성구의 성대 접촉으로 발성해보자. 자음과 모음은 본인의 기호에 따라 적용하면 된다. 필자는 '하'라는 발음으로 훈련하는 것을 추천한다. 'ㅎ' 자음이 호흡을 열어주고 'ㅏ' 모음에서는 인두강과 구강이 개방될 수 있기 때문이다. 소리 낼 때 성대의 접촉, 구강의 공명을 느끼면서 연습해보기 바란다.

3) 단모음 'ㅏ, ㅔ, ㅣ, ㅗ, ㅜ'를 이용하여 후두의 위치가 일관되게 연습하자.

발성연습의 기본이라고 할 수 있는 대표적인 단모음 'ㅏ, ㅔ, ㅣ, ㅗ, ㅜ'를 이용하여 많은 이들이 연습을 한다. 하지만 소리의 세기와 후두의 위치가 일관되지 않는 경우가 대부분이고 그에 따른 피로 또한 빠르게 느낀다. 각 모음의 특징을 간단히 설명하자면, 'ㅏ' 발음은 목이 가장 많이 열릴 수 있고 공명을 잘 느낄 수 있는 모음이다. 대부분 가장 쉽게 느끼는 발음이다. 5도 스케일로 훈련할 때 1도에 위치하는 발음이기 때문에 이 첫 발음에서 목을 열어 진행하는 것이 좋다. 'ㅔ' 발음을 낼 때는 혀가 위로 올라가 구강 공간이 좁아지기 때문에 후두의 하강에 신경 쓸 수 있도록 한다. 'ㅣ' 발음은 혀가 앞으로 나오는 발음이기 때문에 마찬가지로 후두가 상승하여 성대 협착이 진행될 수 있다. 'ㅔ', 'ㅣ' 발음은 후두하강에 신경을 써주는 것이 좋다. 'ㅗ' 발음은 흉성을 가장 잘 쓸 수 있는 발음이며 공명 또한 잘 느낄 수 있다. 가슴의 울림을 함께 느끼며 소리 내어 주면 도움이 된다. 'ㅜ' 발음은 후두의 하강을 자연적으로 느낄 수 있는 모음이기 때문에 무리 없이 연습할 수 있다. 입술을 내밀어 적극적인 후두 하강을 시도하고 넓어진 공명강에 집중하며 연습할 수 있도록 한다. 입술을 적극적으로 내밀면 후두의 하강과 구강의 확장을 보다 쉽게 느낄 수 있다.

4) 문장을 읽으며 톤을 일정하게 유지하여 보자.

노래가사 혹은 책에 있는 문장을 읽으며 목소리 톤을 일정하게 유지하는 연습을 하도록 하자. 어떤 발음에서는 호흡량이 많다거나 또 어떤 자음과 모음에서는 소리가 부드럽게 나오지 못한다면 노래에서도 마찬가지의 문제가 발생한다. 문장 읽기를 통해 일정한 톤을 사용하여 밸런스를 유지할 수 있도록 하자.

5) 상복부의 압력을 유지하자.

호흡의 주 근육은 횡격막, 상복부이다. 풍부한 배음을 생성하기 위해서는 복부의 압력을 유지하는 것이 중요하다. 상복부의 압력 유지는 공명의 기초이며 보컬과 보이스의 밸런스를 가장 효과적으로 유지할 수 있는 방법이다. 들숨 시 흉강을 편하게 열어주고 팽창된 상복부를 기준으로 긴장을 유지하는 것이 기본적인 방법이지만 이러한 방법에서 피드백을 느끼기 어렵다면 의도적인 자세를 취하여 복부의 압력을 유지해보자.

① 뒤통수, 등, 허리, 엉덩이를 벽에 기댄다.

② 다리는 앞으로 뻗어준 후 구부린다.

③ 다리 간격을 어깨넓이로 벌린다.

④ 호흡을 들이마시고 발성 및 가창훈련을 통해 팽창된 상복부 압력을 유지한다.

위 연습을 통해 압력유지와 소리의 일정한 균형을 올바르게 찾을 수 있도록 한다.

★ 소리의 균형은 자유로운 발성을 위한 준비물이다.

21. 공명의 원리와 적용

우리 몸에서 발생하는 소리는 공기에 의해서 발생하는 에너지로 인해 접촉과 진동이 발생한다.

그로 인한 울림이 전달력을 발생시키고 성량을 강화시켜 주는데, 노래뿐만 아니라 말을 할 때에도 중저음의 단단한 목소리는 상대로 하여금 신뢰감을 줄 수 있다. 공명이 발생하는 곳과 구강과 비강의 공명을 쉽게 찾는 방법을 알아보도록 하자.

1) 성대 접촉에 의해 생성된 소리는 어떤 울림으로 증폭시키느냐에 따라 소리의 풍부함과 전달력이 달라진다.

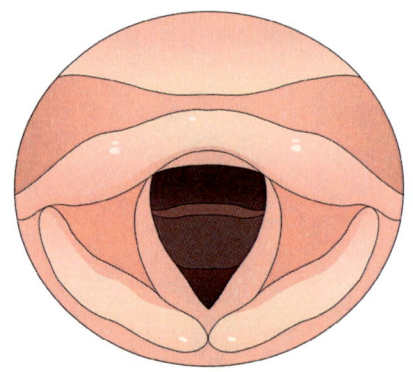

성문과 성대, 피열연골, 가성대, 후두개로 둘러싸인 이 부분이 우리 몸에서 발생하는 공명의 기점인 공명강이다. 성대부터 입술까지의 인두강과 구강이 공명강의 길이 되는데 우리 몸에서 마치 확성기의 역할을 해주는 곳이다. 공명강이 지나친 압력에 의해 조여지지 않아야 좋은 울림이 형성될 수 있다. 후두가 하강하여 성대를 접촉하고 원으로 된 공명강이 조여지지 않도록 입술을 살짝 내밀어주는 자세가 좋다. 성악가가 가창할 때 입술을 내밀고 하는 이유도 공명의 활성화와 성대접촉의 유지 때문이다. 입을 크게 벌려 노래할 필요는 없다. 중고음역이 어려울 때 입을 크게 벌리는 것보다 공명강의 확장을 먼저 체득한 후 보조적인 역할로 입을 벌려주는 것이 바람직한 방법이다.

2) 구강의 공명과 비강의 공명을 쉽게 찾을 수 있는 방법을 알아보자.

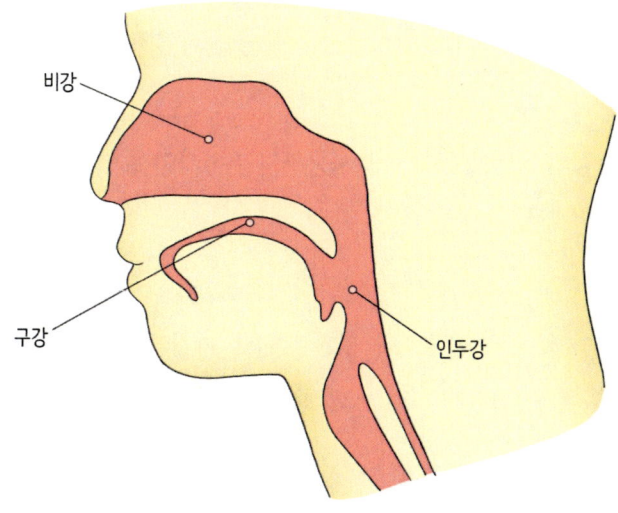

필자가 인두강을 통하여 나오는 소리는 2가지의 길을 만난다고 했다. 구강과 비강이다. 소리는 자연스럽게 구강을 중심으로 나오는 것이 좋다. 비강은 공명의 보조적인 역할을 맡는다. 비강을 주된 공명으로 쓰는 사람에게는 흔히 말하는 짙은 콧소리가 나와 목소리의 신뢰감을 떨어트리고 가창 시 성구전환이 힘들어진다. 비강이 써서는 안 될 공명은 아니니 보조적인 테크닉으로 익히기 바란다. 구강의 공명은 말할 때 자연스레 찾을 수 있다. 하지만 이런 느낌을 받아들이기 어려워하는 사람들도 있다. 그럴 때는 코를 막고 '이'라고 발음하여 보자. 코의 울림보다 구강과 성대의 울림, 즉 공명강의 울림이 강하게 형성되어 느껴질 것이다. 이 느낌이 구강의 울림을 극대화할 수 있다. 비강의 공명을 느끼기 위해서는 코를 막고 '잉'이라고 발음하여 보자. 코 안에서 울림이 많이 느껴질 것이다. 코를 막고 노래하게 되면 구강과 비강의 공명이 함께 발생되는 느낌을 쉽게 알 수 있게 된다. 이를 통해 두 공명을 적절하게 섞어주는 연습을 반복적으로 하는 것이 좋다. 음의 간격을 통하여 스케일 연습을 해보거나 노래를 불러도 좋다. 비음이 심한 사람은 코를 막고 소리 냈을 때 코 안의 울림이 입 안의 울림보다 많이 느껴질 것이다. 코를 막고 '이' 소리를 내며 구강의 공명을 확실히 파악하자.

3) 비음이 심해서 구강의 공명을 원활하게 사용하지 못한다면 후두 내리기와 함께 코 막고 '허 엉'이라고 소리 내어 보자.

'엉'에서 반음 혹은 온음을 올려 소리 내어 준다. 이때 후두의 위치가 올라가거나 손으로 잡고 있는 코의 뒤 공간이 입 안의 울림보다 훨씬 많이 느껴진다면 평소 비음과 성대 협착으로 인해 공명이 약하게 발생될 것이다. 이러한 발성은 전달과 가창에 전혀 도움이 되지 않는다. 코를 막고 있을 때 비강보다 구강에서 울림이 발생할 수 있도록 훈련하여야 한다.

★ 공명을 파악하기 전과 후로
소리의 편안함과 풍부함이 달라진다.

22. 비브라토(Vibrato)

노래를 잘 부르고 싶어 하는 사람들의 로망은 크게 2가지로 나누어진다.

높은 고음을 내는 것과 화려한 비브라토를 구사하는 것이다. 이 2가지를 갖추고 있다면 보컬 스타일의 폭이 넓어지고 듣기 좋은 것은 사실이다. 하지만 노래는 화려한 기술보다 진심어린 진정성이 훨씬 중요하다. 비브라토를 연습하는 모든 학생들이 이 점을 간과하지 않았으면 한다. 비브라토에 대해 알아보자!

1) 많은 이들이 '비브라토'와 '바이브레이션'을 혼동하여 바꿔 쓸 때가 있다.

바이브레이션은 떨림, 진동이라는 뜻이다. 비브라토는 사전적 의미로 기악이나 성악에서 음을 상하로 가늘게 떨어 아름답게 울리게 하는 기법 또는 그렇게 내는 음을 의미하는데, 연주기법의 의미로는 단순한 진동, 떨림을 뜻하는 바이브레이션이라는 말보다는 비브라토가 맞다. 혼동하지 않고 정확한 단어를 쓰길 바란다.

2) 비브라토가 되지 않는 경우는 흔히 두 부류로 나누어진다.

- 과도한 날숨의 양으로 인해 성대가 접촉하지 않을 때

- 과도한 성대의 접촉으로 인해 부드러운 진동이 형성되지 않을 때

각각의 연습방법은 간단하다.

① 날숨의 양이 많아 비브라토가 되지 않는다면 성대 접촉을 강화하여 긴장감 있는 소리로 유도해야 한다. 성대의 접촉과 진동은 무성음[1]이 아닌 유성음[2]을 낼 때 활발하게 발생한다. 한글을 기준으로 유성음의 종류는 모든 모음과 유성자음[3] 4개가 형성되어 있다. 예를 들어 '바보'라고 말하면 'P' 느낌이 난다. 이때 '바' 음절에서 성대의 진동이 느껴지지 않게 된다. 하지만 '그 바보'라고 읽게 되면 '바' 음절에 'B' 느낌이 나면서 성대의 진동이 느껴지게 된다. 이는 모음 'ㅡ'의 역할 때문인데 호흡을 많이 내뱉는 경우에는 모음과 유성자음을 통해 비브라토 연습을 해주는 것도 효과적인 방법이 된다.

동 해 물 과 백 두 산 이 마 르 고 닳 도 록

위의 악보에 '이', '록'에서 비브라토를 반복적으로 훈련해주는 것이 좋다.

② 과도한 성대의 접촉으로 인해 부드러운 진동이 형성되지 않을 때 가장 좋은 연습방법은 혀 떨기이다. 혀 떨기는 성대를 열어주는 효과가 있기 때문에 혀 떨기를 통해 스케일 훈련을 하는 것이 가장 효과적이다.

---

1   조음할 때 성대를 진동시키지 않는 음.
2   조음할 때 성대의 진동을 수반하는 음.
3   ㄴ, ㄹ, ㅁ, ㅇ

③ 두 부류의 공통적인 비브라토 연습방법은 음의 간격을 이용하여 성대를 운동하는 것이다. 비브라토 또한 성대 운동능력이 향상되어야 발전할 수 있다. 모음을 기반으로 2개의 음을 이용해 연습해보자. 처음에는 천천히 이동하다가 속도를 높여 이동해보자. 일정한 리듬을 찾고 반복훈련을 통해 안정적인 비브라토 테크닉을 가지자.

★ 비브라토는 노래의 꽃이다,
하지만 진정성 있는 노래가
마음을 움직일 수 있다는 것을 잊지 말자,

II

Vocalism

1. 보컬리스트는 몸이 악기이다

피아니스트에게는 피아노가 악기이고 기타리스트에게는 기타가 악기다.

이처럼 뮤지션에게는 본인의 악기가 존재한다. 그렇다면 보컬은 무엇이 악기일까? 바로 우리의 몸이다. 악기의 능력 향상에는 연주능력도 필요하지만 악기관리도 필수다. 우리들의 악기관리는 어떻게 해야 할까? 목에 좋은 음식 섭취와 수면 등의 기본적인 관리뿐만 아니라 자세교정에도 신경을 써야 한다. 보컬리스트가 구부정한 허리, 목으로 생활하면 소리 또한 구부정해진다. 현대사회에서는 스마트폰, 컴퓨터 등의 전자기기 사용으로 인해 거북목 환자들이 급증하고 있다. 거북목은 고개가 앞으로 빠져 여러 증상을 일으키는 자세인데 어깨, 목 통증뿐만 아니라 목소리에도 영향을 준다. 거북목 환자는 흉복식 호흡이 힘들다. 높은 후두의 위치로 인해 흉곽의 확장이 불가능하여 깊은 들숨이 어려운 것이다. 또한 거북목은 흉쇄유돌근이 뭉쳐있어서 두통도 심해지고 이 부분에 마사지를 할 경우 통증이 크게 나타난다. 거북목 교정을 통해 우리의 악기능력을 향상시킬 수 있도록 하자.

① 양손을 주먹 쥔 후 엄지손가락을 턱에 대고 강하게 위로 밀어보자. 이때, 턱은 뒤로 당기고 머리는 고정되어 있어야 한다. (30~40초 고정하여 자세교정)

② 깍지를 끼고 뒤통수에 양손을 대고 목은 뒤로 밀고 깍지 낀 손은 앞으로 밀어 자세를 교정하자. (30~40초 고정하여 자세교정)

③ 하체는 스쿼트 자세처럼 구부려 주고 귀, 어깨 라인을 일자로 맞춰준 뒤 깊게 흉복식 호흡을 해 보자. 깊게 호흡하기 어렵다면 한 번씩 끊어서 호흡을 들이마셔도 좋다.

예) 흡 → (1, 2) → 흡 → (1, 2) → 흡 → (1, 2) → '아' (발성)

'흡'은 호흡을 마실 때를 지칭하는 것이고 (1, 2)는 들이마셨던 호흡을 유지하는 시간을 의미한다. 호흡을 약 3차례 들이마신 후 호흡과 함께 발성하자. 이 방법으로 호흡연습을 하면 호흡근의 능력이 향상될 수 있으며 거북목 자세 또한 교정될 수 있다. 다만 들숨 시 후두를 하강하는 메커니즘을 잊어서는 안 된다.

성대에는 대칭성의 성질이 존재하여 두 근육으로 나누어진 성대는 양측성을 가진 기관이다. 다시 말해 두 군데 중 한 군데에만 문제가 나타나도 발성능력이 떨어질 수 있다는 것이다. 성대 폴립과 결절, 성대 내 낭종, 성대 마비 등의 문제와 더불어 몸의 불균형으로 인한 좌우비대칭, 척추와 경추 측만, 어금니 발치, 발성 간에 높은 후두의 위치 등으로 인한 문제로 성대의 대칭성이 깨져 올바른 발성이 어려울 수 있다. 즉, 발성의 능력향상이 더뎌질 때 본인의 연습부족 혹은 능력부족 외에 이러한 원인을 생각해볼 수 있다는 것이다.

★ 올바른 자세 교정을 통해 우리 몸(악기)을 관리하자,

★ 연습을 해도 실력이 향상되지 않는다면
몸 상태를 체크해보자,

2. 호흡과 발성은 가창에 적용할 수 있어야 한다

여러분들은 본인이 익힌 여러 호흡과 발성을 가창에 적용시킬 수 있는가?

호흡과 발성능력이 좋다고 해서 궁극적으로 노래를 잘할 수 있는 것은 아니다. 발성은 과학이지만 노래는 예술이다. 감정의 폭을 넓히고 전달력을 강화하기 위해 과학을 익히는 것이다. 여러분이 배우고 익힌 호흡과 발성을 노래의 감정수단으로 적용하고 표현할 수 있다면 예술가로서 나타낼 수 있는 폭이 넓어지고 색이 뚜렷해질 것이다.

1) 제자들을 교육할 때 대부분 호흡연습 시 자신의 몸에서 소화할 수 있는 호흡의 양을 벗어나 맹목적으로 호흡을 들이마시는 경우를 많이 보았다.

사람의 신체조건은 매우 다양하다. 자신이 소화할 수 있는 범위 내에서 훈련하는 것이 가장 바람직하다. 호흡은 필요한 만큼 적당하고 가볍게 들이마시도록 하자.

2) '폐'라는 신체기관은 탄성력이 강하게 발생한다.

마치 고무줄, 용수철, 풍선 등과 같은 물체처럼 말이다. 그렇다면, 이 탄성력을 이용하여 발성한다면 우리 소리는 훨씬 편안하고 효과적으로 능력을 향상시킬 수 있다. 보통 호흡법을 알려주면 들숨과 날숨 시 다른 위치에서 소리를 내는 경우가 많다. 흉복식 호흡의 들숨 시 흉곽의 팽창을 통해 폐부가 확장되고 상복부를 기준으로 횡격막이 하강하는데 팽창된 이 지점에서 호흡을 내쉰다면 훨씬 좋은 탄성력을 이용할 수 있다. 그런데 이때 목에서 호흡을 내뱉는 경우가 많다는 것이다. 필자는 호흡을 사용하는 위치에 대해 서술하고 있다. 들숨과 날숨의 위치를 똑같이 생각한다면 활용능력이 훨씬 뛰어날 수 있다는 것이다. 간단하게 순서를 나열하겠다.

들숨-날숨-발성

이때 들숨과 날숨 그리고 발성의 위치가 변하지 않고 한곳에서 진행될 수 있도록 연습해보자. 그 '한곳'이라는 것은 폐를 둘러싼 흉곽과 그로 인해 하강하는 횡격막의 위치인 상복부를 말하는 것이다. 폐의 탄성력을 그대로 잘 활용한다면 발성 시 호흡이 고르게 진행될 수 있으며 일정한 진동 패턴에 의해 공명 또한 활성화될 수 있다. 날숨 시 '스' 하며 호흡을 내뱉어 주면 압력을 조절하는 데 도움이 된다. 반복적인 연습 후 발성과 함께 적용하고 싶다면 '즈'라고 내뱉어 주자.

3) 노래할 때 호흡이 많이 나오는 사람들이 있다.

필자 또한 허스키 보이스를 좋아했고 그로 인해 성문 개방이 심해져 호흡이 많이 나오는 보컬 중 한 명이었다. 하지만 이런 발성은 성대의 뒷부분이 붙지 못하여 신체 보상 작용에 의해 성대 앞부분만 강하게 붙게 된다. 성대의 전반적인 접촉이 이루어지지 못하여 성대결절에 노출되어 있으며 고음을 내기 어려워진다. 자음과 모음이 흐려지지 않게 정확한 발음을 지향해보자. 그리고 날숨에서 가볍게 목소리를 실어보도록 하자. 이 두 가지 방법을 떠올리고 노래한다면 진행이 안정될 것이고 새어나가는 필요 이상의 숨을 잡을 수 있다. 호흡을 노래에서 어떻게 쓰느냐에 따라 보컬의 색깔과 유지력이 달라질 것이다.

4) 성대의 과접촉은 유연한 가창표현을 어렵게 하며 제한적인 보컬스타일을 불러일으킨다.

이러한 경우에는 자음 'ㅎ'을 이용하여 성문을 가볍게 개방해보자. 목을 조여서 강하게 부르는 습관이 있는 사람에게 보다 부드러운 표현능력이 생기며 발성의 진행도 가벼워진다.

예시) 김범수 - 니가 날 떠나

'ㅇ'을 'ㅎ'의 느낌으로 발음해주면 지나치게 폐쇄된 성문을 가볍게 개방시켜주는 효과가 있다. 'ㅇ'뿐만 아니라 다른 여러 자음들도 'ㅎ'의 느낌으로 표현해주어도 무방하다. 호흡을 사용하여 성대의 탄성력을 활성화시켜 주는 것이다. 하지만 이 방법을 지나치게 사용할 경우 성대결절의 원인이 된다. 과하지 않도록 연습하는 것이 좋다.

★ 자신이 소화할 수 있을 만큼만 들숨!

★ 들숨과 날숨이 '한곳'에서 진행될 수 있도록 호흡, 발성!
보조적 도움은 '스'와 '즈'에서 받는다,

★ 자음이 흐려지지 않도록 정확하게 발음!

★ 날숨에서 가볍게 목소리를 실을 수 있도록 하자!

★ 'ㅎ'을 적절하게 사용하여
성대의 고정속 현상을 완화할 수 있도록 한다,

3. 호흡은 곡의 흐름에 맞게 사용할 수 있어야 한다

노래를 못하거나 노래를 배우고 있는데도 크게 늘지 않는 사람들의 특징이 있다.

어떤 곡을 불러도 한결같이 '심심하게' 부른다는 것이다. 노래는 장르와 가사에 담긴 뜻 등에 따라 다양한 느낌과 표현이 필요하다. 호흡의 쓰임새만 적절하게 잘 사용하여도 풍부한 보컬스타일이 갖춰질 수 있다.

1) 구강에서 나오는 호흡의 느낌에 집중하자.

발성을 할 때는 반드시 호흡이 입을 통해 나오게 되어 있다. 이 느낌에 집중해보자. 만약 느낌을 파악하기 어렵다면 입술 앞에 손바닥을 가져다 보자. 호흡이 손바닥에 부딪히는 것을 느낄 수 있을 것이다. 4/4박자를 기준으로 한 마디 안에 4박의 서로 다른 자음과 모음을 이용해 연습해보자.

이와 같이 다양한 모음, 자음을 이용하여 호흡의 양, 세기, 속도를 각각 파악할 수 있도록

한다.

2) 프레이즈(Phrase) 간격을 두고 연습하자.

프레이즈는 보통 4~6 마디로 이루어지는 작은 악절 또는 작은 악구를 뜻한다. 하지만 보컬에서는 더 짧을 수 있으며 보컬리스트의 주관으로 어디까지 연결하여 한 악절 또는 악구를 가창할 것인지 정할 수 있다.

노래 한곡에는 '기-승-전-결'의 순서와 흐름이 존재한다. 필자가 말했던 '심심하게' 노래하는 사람들은 동적인 전개가 아닌 정적인 일관성을 가지며 노래한다. 내가 부를 노래 한 곡의 프레이즈를 설정하고 설정된 프레이즈를 차근차근 가사의 내용과 흐름에 알맞게 호흡을 사용하며 연습해보자. 감정의 깊이가 생길 것이다.

3) 구와 절은 다르게 표현할 줄 알아야 한다.

문장의 구와 절은 다른 의미로 해석된다.

- 구: 주어와 동사를 포함하지 않은 문장
   예) 왜 이렇게 아파해야 하는지
- 절: 주어와 동사를 포함한 문장
   예) 너 없는 하루가 시작됐어(에코브릿지, '첫째 날' 중)

노래가사에도 이와 같은 구와 절이 각 문장으로 형성되어 있다. 구는 덤덤하게 독백하듯 상황을 묘사하는 것이 좋다. 절은 주어와 동사의 느낌을 풍부하게 살려 감정이입을 하는 것이 좋다. 지나치게 구와 절을 구분하여 감정을 표현할 필요는 없다. 다만, 지금은 '심심하게' 노래를 부르는 많은 이들을 위해 세분화하여 설명하는 것이니 정곡이 찔렸다면 꼭 매뉴얼대로 연습할 수 있도록 하자!

4) Song Form에 맞게 노래하자.

2번의 내용보다 넓은 의미로 해석된다. Song Form은 곡의 구간을 진행 순서대로 분류한 것을 뜻하는데, 대중적인 발라드는 A-A'-B-C의 구성을 갖는다. 이 구성은 표준적인 Song Form이다.

필자가 2번에서 설명했던 '기-승-전-결'이 뚜렷하게 나타난다. 2절로 넘어가게 되면 그 의미는 더욱 선명해진다. 이처럼 노래 한곡에는 보컬리스트가 표현해야 할 감정이 풍부하게 대기 중이다. 그런데 노래라는 '녀석'의 마음도 몰라주고 무심하게, 심심하게, 방관하듯이 대한다면 이 얼마나 노래에 대한 예의 없는 행동인가! 이미지 트레이닝과 가창연습을 구간별로 연습하며 성장의 가속도를 느껴보자.

★ 입 밖으로 나오는 호흡에 의해 감정이 형성된다.

★ 프레이즈(Phrase)와 친해진다면
'심심하게' 노래하는 사람에서 탈출!

★ 문장의 구와 절에 맞게 표현해보자.

★ Song Form은 폼이 아니다.
보컬리스트의 Key이다!

4. Up&Down

1) 중·고음이 어려운가?

중·고음을 내기 위해서는 발성편, 가창편 등에서 다루는 내용을 숙지하고 꾸준히 연습하는 것이 중요하다. 필자가 보컬 트레이너로서 많은 제자를 가르칠 때 공통적으로 느낀 점이 있다. 중·고음을 어려워하는 제자들의 특징이 노래를 부를 때 항상 아래에서 위로 진행한다는 것이다. 중·고음이 안 되는데 혹시 아직 이유를 모르고 있다면 지금 당장 녹음해 보아라. 아래에서 위로 아주 씩씩하게 밀어내며 소리 내는 것을 확인할 수 있을 것이다. 소리의 진행이 이렇게 아래에서 위로 진행하게 되면 상행음에서 자연적으로 후두가 상승하게 되고 소리의 힘이 가중된다. 지금 이 순간부터 위에서 아래로 소리 낼 수 있도록 하자. 손가락 혹은 펜을 들고 음정이 올라갈 때 오히려 내 손가락 혹은 펜은 아래로 내려 보자. 후두의 자연스러운 하강과 적절한 에너지를 느낄 수 있을 것이다.

2) 높은 음이라고 해서 맹목적으로 소리를 띄운다는 느낌은 근본이 없는 발성의 시작과도 같다.

상체의 에너지와 호흡 순환이 비롯되었을 때 튼튼한 발성이 나올 수 있다. 고음이기 때문에 지나치게 소리를 띄우는 데만 초점을 두는 사람이 많다. 이는 가시밭길을 스스로 가는 것이다. 호흡과 발성이 풍부하게 위에서 아래로 내려갈 수 있도록 자세와 시야에 신경 쓰자. 소리는 어떤 생각을 하느냐에 따라서 많이 달라진다.

3) 소리 낼 때 음이 진행되고 높아질수록 부드럽게 걸어가 보자.

힘을 꽉 주고 노래하는 사람들은 여유가 없고 활동성이 없다. 표정, 몸짓, 심리 등 내 몸의 감각을 깨우려면 움직이는 것이 도움이 될 때가 있다. 자신이 뮤지컬 배우라고 생각하고 자연스럽게 걸어 다니며 노래해보자. 이때 표정과 몸짓을 동반하는 것도 좋다. 경직된 자세로 노래하는 것보다 심리적인 안정과 자신감이 생길 것이다.

★ 음정과 소리는 진행 과정이 반비례한다.

★ 덮어두고 높은 음에서 소리를 띄우려 하지 말자.
자연스럽게 위에서 아래를 내려가듯 하자!

★ 몸을 움직이는 것은 신체의 감각을 일깨워준다.

5. 성대의 접촉을 느끼자

보컬 트레이닝을 하다 보면 다양한 경우의 상황을 경험하게 되고 질문을 받게 된다.

이 편 또한 그런 사례를 몇 차례 경험했기에 다양한 독자들이 책을 보고 이해하고 궁금증을 해소하였으면 하는 마음에서 집필하게 되었다. 필자로서는 다소 충격적인 경우가 있었는데 본인이 소리 낼 때 성대가 붙는 느낌과 붙지 않는 느낌이 무엇인지 모르겠다고 질문하는 제자들을 종종 볼 수 있었다. 지금은 왜 그러한 질문을 하였는지 이해한다. 사람은 정말 다양한 몸의 구조와 선천적인 감각을 타고 태어나기 때문인데 어쩌면 지금 책을 읽는 독자 중에도 그런 경우가 있을 수 있다. 성대가 접촉하는 느낌이 무엇인지 모르겠다면, 3가지만 떠올려보자.

1) 호흡을 들이마셨을 때 '상복부-가슴-목' 순서대로 몸의 팽창을 느껴보자.

목이라는 최종 도착점에 호흡이 도달했을 때 성대가 가지런히 접촉되는 느낌을 받을 수 있을 것이다. 몸으로 느끼기 어렵다면 거울을 앞에 두고 연습해보자. 생각만하는 것과 생각하며 보는 것은 차이가 많다. 내 몸의 변화를 눈으로 보며 몸으로 느껴보자.

2) 구강의 울림이 강하게 느껴질 만한 세기로 짧게 끊어서 소리 내보자.

고함치듯이 소리 내는 것이 아니라 학습했던 기본 틀을 유지하여야 한다. 소리 낼 때 성대가 접촉(닫히는)하는 느낌이 반드시 생길 것이다. '접촉-진동-울림'의 메커니즘을 떠올려 보기 바란다.

3) 상복부와 목에 손을 대고 소리 낼 때 느껴지는 진동과 울림에 집중해보자.

직접적인 느낌과 동시에 몸에 대한 이해력 또한 높일 수 있다. 이 3가지의 방법을 연습한다면 본인의 성대가 접촉할 때와 접촉하지 않을 때의 구분이 용이해질 것이다.

★ 호흡을 들이마실 때
'상복부-가슴-목'의 순서대로 팽창을 느껴보자.

★ 짧게 끊어서 단단하게 소리 내어보자.
성대접촉의 느낌이 극대화된다.

★ 상복부와 목에 손을 대보자.
손의 촉감을 통해 진동과 울림을 느낄 수 있다.

6. 나만의 보컬 스타일을 만들자

노래를 잘한다는 것에는 여러 가지 의미가 함축되어 있다.

저음이 멋진 사람, 고음이 폭발적인 사람, 발성이 좋은 사람, 감정이 풍부한 사람 등 다양한 자신만의 방식이 존재한다. 예술이기 때문이다. 필자는 정의내리고 싶다. 예술에는 정답이 없다고.

모든 사람이 고음을 내고 모든 장르를 소화할 줄 알아야 할 필요는 없다. 발성을 배우는 궁극적인 이유는 노래를 잘하기 위해서가 아니라 건강하게 오랫동안 소리 내기 위해서이며 노래하는 방법을 배우는 이유는 자기 자신을 알아가기 위해서이다. 내 자신의 내면을 있는 그대로 표현할 줄 알아야 예술적인 의미가 있는 것이며 진정한 음악을 이해할 수 있게 된다. 이러한 방법들을 꾸준하게 노력한다면 예술성과 학문성이 향상되어 노래를 잘 부를 수 있게 되는 것이다. 스스로에게 질문하여 보자.

나는 어떤 사람인가? 내가 가진 고유한 색깔을 어떻게 하면 멋지게 표출할 수 있을 것인가?

필자는 발라드를 멋지게 부를 때 내 자신이 가장 멋있다고 생각된다. 내가 가진 감성과 외적인 느낌 등이 어우러졌을 때 발라드에서 그 향기가 더욱 진해지는 듯하다. 노래를 '어떻게 해야 한다', '어디서 어떻게 불러야 한다'는 것에만 의존한다면 정형화된 의미 없는 학문만을 익히는 셈이다. 본인의 보컬스타일을 개성 있게 연출하며 발성이론과 가창방법을 익힌다면 음악적으로 풍부한 예술가가 될 수 있을 것이다.

이 세상에서 가장 좋은 선생님은 자기 자신이라는 것을 잊지 말자.

★ 자기 자신에게
어떤 표현과 음악이 어울리는지 파악하자,
사람마다 고유의 색깔이 있다,

7. 나를 각인시킬 수 있는 외모를 가꾸자

보컬은 목소리를 내는 사람이다.

대화하고 노래하며 감정을 공유하는 행위이다. 앞서 말했듯이 나만의 보컬스타일을 보다 뚜렷하게 표현하기 위해서 그에 어울리는 외모를 가꾸는 것도 중요할 것이다. 예를 들어 댄스가수는 개성 넘치고 화려한 헤어와 메이크업, 의상인 데 반해 발라드가수는 차분하고 단정한 의상과 헤어, 메이크업을 주로 한다. 곡에 따른 분위기와 표현이 다르기 때문이다.

필자는 실용음악대학, 기획사 등에서 심사에 자주 참여했다. 그때 노래는 잘 부르지만 곡에 따른 분위기를 외모에서 연출하지 못했을 때 예술적인 부분에서 아쉬운 점이 많았다. 노래를 부르는 보컬은 무대 정중앙에 서있다. 한마디로 가장 관심 있게 바라보는 위치에 있다는 것이다. 의상과 표정이 보컬의 에너지를 만들어 준다.

어떤 옷을 입느냐에 따라 걸음걸이나 말투, 제스처가 달라진다는 것을 여러분들은 알고 있는가? 정장을 입었을 때는 허리를 곧게 펴고 정중한 말투와 몸짓이 표현되지만 트레이닝복을 착용했을 때는 괜히 다리를 팔자걸음으로 걷게 되거나 허리를 굽혀 걷게 된다.

본인이 보컬리스트라는 것에 책임감을 가지고 오디오와 비디오적인 측면을 모두 충족할 수 있도록 노력하자.

★ 보컬리스트의 외모는
내가 표현하고자 하는 음악에 밀접하게 반영된다,

8. 노래는 그저 멋이 아닌 대화의 연장선이다

노래를 멋지게 부르는 것은 보는 사람으로 하여금 놀라움과 부러움을 자아낸다.

'멋'이라는 것은 어떤 것일까? 필자는 '멋'을 차분함과 여유가 동반될 때 뿜어져 나오는 에너지라고 생각한다. 그런데 이 멋스러움을 자랑하기 위해서 주체하지 못하는 경우를 많이 보았다. 마치 '나는 노래를 잘하니까 잘난 척 좀 해볼게!'라는 분위기를 풍기며 본인이 낼 수 있는 음역, 테크닉, 심지어 발음을 말도 안 되게 변형하며 노래하는 것을 볼 때 안타깝기도 하고 왠지 보는 내가 부끄럽기도 하다. 듣는 사람과 함께 감정을 공유하고 마치 서로 대화한다는 마음으로 노래할 때 멋진 감성이 표현된다. 프로와 아마추어의 가장 큰 차이가 바로 이 '멋'에서 나온다고 생각한다. 가수의 노래를 들을 때 우리는 회상하게 되고 그 추억에 반가워한다. 왜곡된 '멋'보다 진실된 '멋'이 우리에게 필요하지 않을까?

★ 진정한 '멋'은 관객과 진심을 나눌 때 표현된다.

★ 단순하게 노래만 부르려고 하지 말자.
　분위기와 감정에 맞게 연출하자.

9. 녹음하는 습관을 가지자

내가 노래를 불렀을 때는 분명히 음정도 정확하게 나오는 것 같고, 감정표현도 풍부한 것 같은데 왜 상대방이 들었을 때는 크게 감동하지 못하는 것일까?

이는 과학적인 이유로 해석할 수 있다. 우리 몸의 기도 청각과 골도 청각에 의해서 각기 다르게 들릴 수 있기 때문이다. 자신이 낸 소리를 들을 때는 기도 청각과 골도 청각을 함께 사용하게 되고 상대방이 내 소리를 들을 때는 기도 청각만 이용한다. 기도 청각이란 내뱉은 호흡과 발성이 자신의 귀로 들어오는 것이고 골도 청각이란 성대의 접촉과 진동에 의해 만들어진 음이 공명강에 의해 통과되어 우리 몸을 진동시켜 자신의 달팽이관으로 전달되는 것을 말한다. 즉, 녹음 음성은 상대방이 내 소리를 들을 때처럼 골도 청각 없이 기도 청각만 이용하기 때문에 소리가 다르게 들리는 것이다. 골도 청각은 공명에 의해 생성되므로 녹음된 소리를 들을 때 기도 청각만 사용되기 때문에 연습에서 착각하지 않기 위해 녹음하는 습관을 가질 필요가 있는 것이다.

본인이 연습 시 만족스럽다고 해서 녹음을 하지 않는다면 레슨을 받을 때 혹은 무대에서 연주를 할 때 낭패를 보기 십상이다. 녹음은 선택이 아닌 필수이다.

★ 우리 몸은 내가 직접 소리를 낼 때와
내 소리를 녹음하여 들을 때
각각 따른 느낌으로 듣는다,

★ 녹음은 선택이 아닌 필수!

10. 좋아하는 음식처럼 좋아하는 곡을 찾아두자

음악을 직업으로 삼거나 좋아한다면 누구나 좋아하는 곡들이 있을 것이다.

필자에게 처음 학생들이 레슨을 받으러 왔을 때 좋아하는 곡이 있는지 물어보면 딱히 없다고 하는 학생들도 있었다. 사람은 누구나 다양하니 그럴 수 있다. 하지만! 지금 이 책을 읽고 있는 독자 여러분 중에 그런 사람이 있다면 이 순간부터는 자신의 애창곡을 하나 갖길 바란다. 필자는 회를 참 좋아한다. 고기보다 더 좋아할 정도이니 말이다. 회를 먹는 생각을 하면 덩달아 기분이 참 좋아진다. 누구나 좋아하는 음식이나 분야를 생각하면 에너지가 넘치고 기분이 좋아질 것이다. 음악도 그렇다. 내가 좋아하는 곡이 있으면 그 곡이 나의 쉼터가 되고 희망이 된다. 좋아하는 곡이 없다는 것은 음악에 관심이 있는 사람이라면 더 이상 가져선 안 될 태도이다. 이 기회에 좋아하는 곡을 찾아 음악이라는 여행을 떠나보자!

★ 내가 좋아하는 곡은 나의 쉼터이자 희망이다,

11. 나를 이끌어 줄 수 있는 선생님을 곁에 두자

예술을 공부하고 익힌다는 것은 외로운 먼 여정을 떠나는 것과 같다.

노래를 하다 보면 이상적인 고민과 현실적인 고민을 누구나 하게 된다. 왜? 삶은 계속되니까. 우리는 현실 안에서 사유되는 이상주의자가 되고 싶어 한다. 그러기 위해서는 때로는 질책과 조언 그리고 희망을 제시할 수 있는 윗사람이 필요하다. 필자에게도 현재 많은 제자들이 교육을 받고 있다. 제자들을 위해 여러 경험과 지식을 쌓아야 올바르게 지도해 줄 수 있다. 고맙게도 항상 제자들은 날 참 든든하게 믿고 따라준다. 때로는 부담이 되어 내가 더 잘 되어야 한다는 중압감에 휩싸일 때도 있지만 발전의 원동력이 되어 성장의 밑거름이 된다. 인간이 느낄 수 있는 감정의 깊이와 대상은 다양하다. 부모님에게도 자문을 구하기 어려울 때가 있을 것이다. 자신의 분야에 자문을 구하고 고민을 나눌 수 있는 좋은 사람은 선생님이 아닐까 싶다. 질책, 조언, 칭찬 등 반성과 기대를 함께 가질 수 있는 감정의 대상이니 말이다. 음악을 할 때 그런 선생님을 한 분 두는 것은 평생의 행운이다. 여러분들이 힘들고 막막할 때 정확하지만 냉정하게 함께 나아갈 길을 제시할 수 있는 마음이 따뜻한 선생님을 곁에 두기 바란다.

★ 여러분과 함께 교학상장(敎學相長)할 수 있는
선생님을 곁에 두자,

12. 표정과 몸은 반응해야 한다

음악을 표현할 때는 자신이 드러낼 수 있는 가장 적극적인 모습이 필요하다.

그것은 비단 노래에서 뿐만 아니라 여러 예술 행위에서 공통적인 사항이다. 노래는 서로의 감정을 공유해야 하며 내면을 표출해야 한다. 그런데 배운 이론대로만 노래를 부르거나 원래 성격이 쑥스러움이 많다는 이유로 소극적으로 노래하는 사람도 꽤 많다. 심지어 노래를 배우러 왔는데도 말이다. 보컬 트레이너로서가 아닌 음악가, 예술가로서 안타까운 탄식이 무의식 중에 나오기도 한다. 노래할 때는 가사에 어울리는 표정, 곡의 흐름에 맞는 몸짓이 필요하다. 무턱대고 표정과 몸을 쓸 필요는 없다. 노래는 함께 하는 것이다.

1) 노래의 진행 중에 거울을 보며 내 표정과 몸짓이 딱딱함과 부자연스러움으로 일관되는지 확인해보자.

이렇게 부르는 노래는 아무리 좋은 발성과 가창기술을 연습하더라도 발전되지 않는다. 왜? 노래는 학문이 아니기 때문이다. 예술은 표현해야 하는 것이다.

2) 노력해도 잘 나아지지 않는다면 과장기법을 통하여 연습해보자.

간단하다. 본인의 연습 공간에서 거울을 바라보며 표정과 몸짓을 과장되게 표현해보자. 너무 과하다 싶을 정도에서 더 벗어나도 괜찮다. 어떻게 사람이 처음부터 완벽해질 수 있는가? 찾아가는 것이다. 찾기 위해서는 다양한 수단과 방법을 동원해야 한다. 이 방법은 가창 시 소극적인 태도를 보이는 사람에게 효과가 높다. 꾸준히 노력해보길 바란다.

★ 예술은 느끼며 함께하는 것이다.

13. 입 모양에 따라 감정이 좌우된다

노래 부를 때 어떤 입 모양을 만드는가에 따라 감정과 소리가 달라진다.

필자가 설명하는 것은 입을 크게 벌리거나 작게 벌리라는 등 크기의 문제가 아니다. 입 모양의 문제다. 어떤 모양을 내느냐 혹은 어떤 부분에서 입 모양을 변화시키느냐에 따라서 발성적인 부분과 감정적인 부분에서 모두 적용이 가능하다.

1) 입을 크게 벌린다고 해서 소리가 탄탄해지는 것은 아니다.

물론 고음에서 입을 크게 벌리는 것은 도움이 된다. 하지만 발성편에서 다루었듯이 어떤 모음이 나오느냐에 따라 혀의 위치와 구강의 구조가 달라지기 때문에 이를 공통적으로 적용할 필요는 없다. 하지만 글자의 받침과 모음에 따라 적극적인 입모양은 필요하다.

예시) 임창정 - 오랜만이야

붙 잡 을 걸 그 랬 − 나 봐 −

'붙잡을걸 그랬나 봐' 이 부분에서 '잡'이 해당 마디의 분위기를 상승시키는 음절이라고 볼 수 있다. 상행음이며 문장 내에서 '붙잡다'라는 동사의 상징성이 있기 때문이다. 이 부분에서 액센트를 줌과 동시에 입 모양을 벌려주면 감정의 상승 효과가 동반된다. 이런 세밀한 부분까지 표현할 줄 안다면 노래를 부르는 깊이가 커질 것이다.

2) 슬픈 노래를 불러도 슬픈 감정이 표현되지 않는 사람들이 있다.

이 문제는 표정과 입 모양의 변화로 효과를 볼 수 있다. 인중을 아래로 떨구어보자. 소리가 어두워질 것이다. 이는 슬픈 감정을 쉽게 표현하는데 이어서 성대접촉에도 영향이 있다. 인중을 떨구면 비강이 닫히게 되고 후두 또한 하강하기 쉬워진다. 다시 말해 발성에도 긍정적인 효과가 있다는 것이다. 하지만 시각적으로 썩 좋은 표정이 연출되는 것은 아니다. 연습할 때 소리를 찾기 위한 방법으로 쓸 수 있도록 하자.

★ 입 모양에 따라 표현력이 달라진다.

★ 슬픈 노래를 잘 부르고 싶다면?
인중을 떨구어 비강을 닫아보자.

14. 노래할 때 나쁜 버릇을 없애자

스포츠, 예술 분야에서 활동하는 사람들은 누구나 자신만의 습관과 징크스 등을 가지고 있다.

이것은 개인의 다양성이며 나와 상이하다고 해서 무턱대고 배제할 부분은 아니다. 노래에서 개인이 갖고 있는 습관이 개성이 될 것이냐 나쁜 버릇이 될 것이냐의 판단은 간단하다. 듣기 편한가, 불편한가로 구분되는 것이다. 예를 들어 벤딩을 쓴다, 비브라토의 진폭이 좁고 진행이 빠르다, 호흡이 거칠다, 무대에서 발을 구른다 등의 일반적인 경우에 이러한 모습이 나오는데도 듣기 좋다면? 그것은 굳이 고치지 않아도 된다. 프로가 아니라는 이유로 그것을 '나쁜 버릇' 정도로 치부한다면 옳지 못한 자세다. 하지만 본인 노래에 발전을 저해시키는 버릇이라면? 당장 고쳐야 한다.

현재 필자에게 배우고 있는 제자 중 여학생이 있다. 정말 세상에 내놓고 싶을 정도로 노래를 멋있게 잘 부른다. 예술가의 향이 짙은 보이스컬러를 가지고 있다. 하지만 이 제자가 고쳐야 할 버릇이 하나 있다. 소리를 지나치게 밀어 내듯이 노래를 부르는 것인데 이로 인해 발성의 기본기가 무너져 감정의 전달력이 약해진다. 본인도 알고 있지만 필자를 만나기 이전에 그렇게 해야 된다고 교육받고 연습했기에 잘못 만든 이 나쁜 버릇은 쉽사리 고쳐지지 않는다.

많은 노력 끝에 현재 많이 호전되었으며 본인의 색깔을 짙게 만드는 중이다. 필자는 타인의 노래를 들을 때만큼은 제자이더라도 항상 관객의 입장에서 마음으로 들으려 한다. 내가 지도자라는 것을 망각한 채로 노래에 심취한다. 예술은 평가의 대상이 아닌 존중의 대상이기 때문이다. 하지만 노래를 듣다 심취하지 못할 때가 있다. 왜? 진정성 있게 부르는 소리가 들리지 않기 때문이다. 그것이 나쁜 습관 때문이다. 나쁜 습관은 내가 포장하려 할 때 나오는 것이다. 진심을 다해 노래를 대한다면 나쁜 습관 따위는 빠른 시간 안에 해결될 것이다.

★ 내가 해결해야 될 나쁜 버릇이 있다면?
나의 노래를 포장하지 말고 진심으로 부르자,

15. 가사를 외우고 악보를 스케치하자

본인이 연습할 곡이 있다면 가사를 필히 외운 후 악보와 펜을 준비할 수 있도록 하자.

구간별로 '기-승-전-결'을 준비하고 가사의 전달력을 상승시키는 데 아주 좋은 방법이다. 가사를 외우지 않거나 악보를 스케치하지 않고 노래를 하게 되면 능률이 상당히 떨어진다. 가사를 보고 노래한다면 이미지 트레이닝이 용이하지 않아 수동적으로 진행된다. 마치 기계가 노래하는 것처럼 딱딱하고 부자연스럽다. 가사를 외우고 본인의 감정대로 표정을 짓고 몸짓한다면 노래가 자연스럽고 진심이 더해질 수밖에 없다.

연습할 때 악보를 이용해 나의 생각을 특정 부분에 기록해두는 것도 좋은 방법이다. 즉흥적인 표현도 좋다. 어쩌면 그것이 예술이라고 말할 수 있을 것이다. 하지만 처음부터 잘하는 사람은 많지 않다. 준비하는 예술은 완성도가 높다.

★ 가사를 외우고 악보에 생각을 정리해두자,
완성도 높은 예술은 선망의 대상이다,

16. 장르의 개념을 정확히 인지하고 파악하자

음악에는 다양한 장르가 있다.

보컬리스트는 자신의 음악적 역량을 최대한 뿜어낼 수 있는 장르를 선택해야 하고 그에 맞게 노래하고 표현해야 한다. 음악을 공부하는 여러분들이 가장 간과하는 것 중 하나가 장르의 개념과 의미를 정확히 파악하지 못한다는 것이다. 재즈보컬은 장르에 맞게 즉흥연주(Improvisation)를 독창적으로 표현할 줄 알아야 하며 R&B보컬은 특유의 리듬과 보이스톤을 가창할 줄 알아야 한다. 발라드를 부르는 보컬이 차분하게 감정표현을 할 줄 모른다면 과연 관객들이 무대에 있는 가수를 인정해 줄 것인가? 가창력은 보컬리스트의 기본이다. 그 기본이 탄탄해지려면 자신이 연주할 장르에 대해 면밀히 파악하고 기본지식을 갖추는 것이 중요하다.

★ 본인이 연주할 장르에 대한 기본적인 지식을 습득하고 그에 맞게 노래하자,

17. 그루브는 리듬의 완성이다

리듬이란 음의 길이와 셈여림이 조화된 음악의 기초적인 질서라고 할 수 있다.

'리드미컬하게! 리듬감을 살려서!'라는 말을 자주 들어 보았을 것이다. 리듬은 음악을 공부하고 익힐 때 필수적으로 이해해야 하는 요소이다. 우리는 흔히 그루브감 있게 연주하라는 표현을 쓴다. 그루브라는 것은 예술에는 정답이 없다는 말과 일맥상통(一脈相通)하는데, 필자는 리듬의 완성이라고 표현하겠다. 리듬감에 대해 개념이 파악된다면 그루브에 대한 이해도 자연스럽게 될 것이다. 리듬과 그루브는 머리가 아니라 몸으로 익히는 것이 가장 바람직하다. 간단한 몇 가지 방법을 통해 학습해볼 텐데 이 역시 외우려 하지 말고 몸으로 표현하며 자연스럽게 익히길 바란다. 리듬과 그루브에 대한 기본적인 개념을 쌓아보자.

1) 싱코페이션(Syncopation)

싱코페이션은 셈여림의 변형을 말하는데 엇박자를 이용해 리듬감을 조성하는 기법이다.

4박자
원 투 쓰리 포

앞의 4박자는 정박자이다. 싱코페이션을 넣게 되면 리듬감이 형성된다.

원엔 투엔 쓰리엔 포엔

위 음표처럼 정박자 사이에 '엔'을 넣어서 엇박자를 만들 수 있다. 1, 2, 3번을 연습하고 이를 기반으로 다른 리듬으로 응용하여 연습할 수 있도록 하고 더 나아가 곡에서도 싱코페이션을 연습할 수 있도록 하자. 처음 연습할 때는 속도를 천천히 낼 수 있도록 하자. 반복연습을 통해 리듬이 익혀지면 템포를 올려 연습할 수 있도록 하자.

2) 레이백(Lay-back)

레이백(Lay-back)이란 무엇인가?

박자를 정박보다 약간 뒤로 밀어 표현하는 리듬 기법이다. 재즈, 블루스에서 주로 표현되며 싱코페이션(Syncopation)과 마찬가지로 리듬감에 중요한 테크닉이다. 레이백을 통해 리듬을 익히게 되면 가창 시 표현이 풍부해지며 그로 인해 여유가 생긴다. 똑같은 곡으로 노래할 때 레이백을 쓰는 것과 쓰지 않는 것은 느낌이 많이 달라진다. 간단하게 알아보도록 하자.

예시) Michael Jackson - Billie Jean

마이클잭슨이 빌리 진을 라이브하는 영상을 보면 레이백의 교과서라고 불릴 만큼 리듬을 자유자재로 변형하고 가창한다. 뒷박을 쓴다고 해서 노래가 지루해지는 것이 아니라 오히려 곡의 리듬바운스를 극대화하고 가창에서 여유와 감정이 풍부하게 느껴지도록 하는 장점이 있다. 물론 잘못 사용하거나 지나치게 많이 사용한다면 가창이 단조로워지거나 지겨워질 수 있다. 보컬의 색깔과 리듬감을 한층 업그레이드시켜 줄 수 있는 기법이기에 몸으로 느끼며 감각을 일깨워 리드미컬한 보컬리스트가 되길 바란다.

3) 억양이 리드미컬의 지름길

억양이란 음의 상대적인 높이를 변하게 하는 의미를 지니고 있다.

단어 억양, 문장 억양 등으로 쓰이는데 흔히 우리나라에는 다양한 지역에서 사용하는 억양이 있다. 이 억양이라는 음의 높낮이를 사용할 줄 안다면 리드미컬하게 노래하는 보컬리스트가 될 수 있다. 리듬감이 떨어지는 사람들은 대부분 평면적으로 노래하는 경우가 많다.

예시) 김조한 - 사랑해요

앞서 배웠던 비브라토와 싱코페이션, 레이백 등을 이 한 소절에서 적용하여 보자. 본인이 조심스럽게 표현하고 있다는 생각이 든다면 반드시 재미있게 노래할 수 있도록 바꿔야 한다. 굴곡 있게 표현하는 것은 연주자의 기본이다. 억양이 없는 것과 있는 것을 구분 지으며 연습해 보아라. 조금씩 달라지는 리듬을 느낄 수 있을 것이다. 리듬에서 가장 강조되어야 할 것은 머리가 아닌 몸의 감각으로 깨닫는 것이다!

★ 싱코페이션과 레이백은 그루브의 시작이다!

★ 억양은 리듬에 있어서 중요한 양념이다,
하지만 과한 억양은 금물이다,
포인트를 살려주자,

18. 보컬이 벤딩을 대하는 자세

벤딩이란 기타나 하프 등 현악기에서 실제 음 높이를 변화시켜 원음보다 반내림(♭) 또는 반올림(#)하여 연주하는 테크닉이다.

성대 또한 탄성력이 좋기 때문에 현악기에서 구사하는 벤딩을 소리로 연주할 수 있는데 어떻게 다루느냐에 따라 나쁜 버릇이 될 수 있고 보컬테크닉이 될 수도 있다.

벤딩을 쓰는 것이 꼭 나쁜 것은 아니다.

과하게 쓰기 때문에 벤딩을 반복적으로 사용하며 노래하는 사람에게 나쁜 습관이라고 표현하는 것이다.

예시) 나얼 - 바람기억

우 리 의 믿 - - 음   우 리 의 사 - 랑   그 영 원 - -   한 약 - 속 들 을 - -

밑줄 친 부분에서 보통 벤딩을 심하게 사용해서 노래 부르는 경우가 많다. 지나친 벤딩은 노래를 지루하게 만들고 흐름을 예상하게 만든다. 노래가 뻔해지면 그 순간부터 끝이다. 노래는 점점 듣고 싶게 만들어야 한다. 그것을 위해 꼭 고음이 나야 한다는 강박관념은 가지지 않았으면 한다. 잔잔한 멜로디로도 듣는 사람을 얼마든지 집중시킬 수 있다. 담백하고 차분한 가창이 동반되어야 한다.

예시) 장혜진 - 1994년 어느 늦은 밤

오 늘 밤 그 대 에 게 말 로 할 수 가 없 어 서

하 지 만 그 대 여 다 른 것 다 잊 어 도

예시로 곡의 A파트 첫 부분과 C파트의 첫 부분이다. 과하게 표현되는 벤딩을 고치기 위해서 후렴구부터 연습하는 것보다는 음역이 낮고 상대적으로 부르기 편한 초반부에서 수정하는 연습을 하는 것이 좋다. 위에 밑줄 친 부분은 벤딩이 심한 사람들이 특히 쓰는 부분인데, 예시로 든 내용 중 '할'이라는 하나의 음절만 들릴 수 있도록 연습해주는 것이 좋다. 끝처리할 때 비브라토를 써주는 것도 벤딩을 줄여주는 연습에 도움이 된다. 다시 한 번 말하지만 벤딩을 쓰는 것 자체가 잘못 되었다는 것이 아니다. 듣기 불편하게 끌어올리는 것이 문제다. 연습을 통해 벤딩이라는 기술을 적절히 쓸 수 있는 보컬이 되도록 하자.

★ 벤딩을 어떻게 쓰느냐에 따라
노래의 퀄리티가 달라진다.

19. 꾸밈음의 득과 실

꾸밈음이란 선율을 꾸미거나 변화시킬 때 사용되는 음표를 말한다.

※ 꾸밈음 중 '짧은 꾸밈음'에 대한 예시

멜로디나 화성을 꾸미기 위하여 덧붙이는 음인데 노래를 부를 때 가끔 사용하면 테크니컬하게 흐름을 이어갈 수 있게 된다. 그런데 이 꾸밈음을 무턱대고 사용하면 쓰지 않는 것보다 못한 상황을 불러일으킨다. 어느 구간과 흐름에서 적절하게 사용하는 것이 좋을까?

1) 노래의 A파트에서는 가급적 사용하지 않길 바란다.

첫 부분은 다소 차분한 어조로 노래하는 것이 좋은데 꾸밈음은 선율의 변화를 가져다주는 역할을 한다. 시작하자마자 변화가 일어난다면 감흥이 있을까? 결국 나중에는 보여줄 것이 없다. 노래를 자랑하려 하지 말고 내 진심을 조금씩 꺼내 보여줘야 통할 수 있다. 펑키, 댄스, 록을 부를 때도 마찬가지다. 아무리 리드미컬한 곡을 부른다 할지라도 모든 곡에는 전개와 결론이 있다. 스토리텔러가 되어 한 곡의 극적인 고조를 이루어 보자. 여러분 누구나 가능한 일이다.

★ 한 곡에는 전개와 결론이 존재한다,
처음부터 너무 많은 것을 보여주지 말자,

20. 정확한 음정연습이 가창력을 만든다

여러분은 왜 노래를 연습하는가?

한 번 스스로에게 질문을 던져본 적이 있는가? 필자는 매일 나 자신에게 질문한다. 어렸을 때는 단순했다. 좋으니까! 물론 지금도 그렇다. 하지만 한 가지 추가된 것이 있다. 내 직업에 대한 책임감이 생겼다. 스스로에게 관대해지고 싶지 않을 때가 있다. 예술가는 본인에게 관대해질 때 죽은 목숨이라고 생각한다. 물론 적당한 여유는 필요하다. 하지만 음악을 통해 사회의 구조 안에서 사유되는 삶을 살고 싶다. 그러기 위해서는 끊임없는 노력이 필요하다.

이번 편에서 다룰 내용에 대해서는 특히 꾸준한 노력이 필요하다. 바로 음정에 대한 부분인데 필자의 제자들은 호흡, 발성, 가창 연습은 참 열심히 연습하며 질문을 많이 한다. 하지만 가만히 노래를 들어보면 음정연습을 많이 하지 않는 것 같아 안타까울 때가 많다. 왜? 너무 쉽게 생각하니까. 보컬은 '상대음감이 더 좋으면 돼!'라고 하며 음정에 대해 쉽게 생각하는 경우가 많아 보인다. 필자가 말하는 것은 기계처럼 음을 찍어 내라는 것이 아니다. 내가 반복적으로 ♭ 또는 #이 발생하는 음에서 보다 정확한 음정을 연습해야 그것이 가창력으로 발전할 수 있다는 것이다.

가창력은 가수의 음정, 박자, 발성, 감정이 하나를 이룰 때 나올 수 있는 것이다. 음정이 불안하면 경청할 수 없게 된다. 평소 음정을 쉽게 여겼다면, 그래서 연습 시 간과하였다면 이 책을 본 독자들은 지금부터 음정을 중요하게 생각하고 연습하길 바란다. 꾸준한 음정연습은 여러분의 가창력을 180° 바꿔 줄 것이다.

★ 정확한 음정연습을 매일 반복하자,
훗날 본인에게 큰 밑거름이 될 것이다,

★ 가장 좋은 음정연습 방법은 피아노를 이용하는 것이다,

21. 노래=운동

노래를 배우는 사람들 중 일부는 레슨에만 의존하며 연습은 등한시하는 경우를 많이 보았다.

정말 좋지 못한 생각이라고 말하고 싶다. 우리가 몸매를 가꾸기 위해서는 운동, 식단, 수면 등 꾸준하게 노력하며 관리할 필요가 있다. 노래도 마찬가지로 성대 근육, 호흡의 주근육과 보조근육 등을 사용하는 근력운동이기 때문에 꾸준한 노력과 몸관리가 요구된다.

레슨은 앞으로의 연습 방향을 잡아주고 새로운 지식을 통한 다양한 자극을 느끼기 위한 것일 뿐이다. 매주 받는 레슨만으로는 근본적인 실력이 개선되기 어렵다. 몸매를 만들기 위해 운동을 하는 사람이 수업만 받고 평소 운동과 식단관리를 하지 않는다면 아무리 좋은 환경에서 1년, 2년을 배워도 몸매가 나아지지 않는다. 독자들은 이 점을 간과하지 않았으면 좋겠다. 노래는 운동이다. 꾸준한 연습과 자기관리가 필수다. 이것은 음악을 직업으로 삼으려는 사람, 자기계발을 위해 취미생활로 하는 사람 모두에게 해당되는 사항이다.

특히 성대는 불수의근[1]이다. 내 의지와 관계없이 스스로 움직이는 근육이다. 한마디로 쉽게 조절하기 힘든 근육이라는 것이다. 운동을 할 때는 수의근[2] 을 사용한다. 팔, 다리, 몸통, 목 등 우리가 의식적으로 조절할 수 있는 근육을 말한다. 노래보다 운동이 쉽다는 것이 아니다. 운동에는 노래보다 많은 체력이 요구된다. 하지만 노래는 보다 다루기 힘든 근육을 사용하는 분야이기 때문에 꾸준함은 더할 나위 없이 필요한 요소이다. '좋은 선생님에게 레슨만 받으면 잘 되겠지', '유명한 곳에서 레슨받으니 시간 지나면 실력이 늘겠지' 등의 위험한 생각은 오늘부터 끊기 바란다. 노래가 늘기 위해 정확하고 올바른 방법은 필수적이다. 하지만 아무리 좋은 방법을 배우고 익히더라도 본인이 꾸준히 노력하지 않으면 손톱만큼도 실력은 늘지 않는다는 것을 명심하도록 하자.

★ 노래는 운동이다,
꾸준한 노력이 꿈과 바람을 이루게 해줄 것이다,

---

1   신체의 근육 중 의식적으로 조절할 수 없는 근육.
2   신체의 근육 중 의식적으로 조절할 수 있는 근육.

22. 마이크 사용법

보컬에게 친구 같은 존재! '마이크'의 올바른 사용법에 대해 알아보자.

1) 다이내믹 마이크

가장 대중적인 마이크이며 실제로 보컬이 라이브에서 주로 활용하는 마이크이다. 잡는 방

법과 각도에 따라 소리의 질이 달라지는데 이상적으로 사용하려면 각도는 60~70°가 좋으며 입술 가까이 위치하는 것이 바람직하다. 음역대에 따라 입술과 마이크의 간격을 적당히 조절해주는 것이 볼륨의 균형을 맞출 수 있다. 간격을 조절할 때 마이크의 위치를 너무 내리거나 올리는 것은 좋지 않다. 소리의 전달력이 약해지기 때문이다. 마이크를 잡을 때는 안정감 있게 마이크의 몸통 중간 지점을 잡는 것이 좋다. 윗부분을 만지면 하울링이 생기거나 음량이 줄어들어 관객에게 좋은 소리를 전달하기 힘들다. 라이브의 특성상 퍼포먼스나 분위기가 공연의 주제와 곡의 콘셉트에 따라 달라질 수 있기 때문에 이 방법을 표준으로 하되 보컬의 주관을 담아 가창하는 것이 좋겠다.

2) 콘덴서 마이크

주로 스튜디오 레코딩 부스에서 사용하는 마이크로서 다이내믹과 외형은 다르지만 사용 개념은 비슷하게 생각하면 된다. 마찬가지로 소리의 균형이 생기도록 보컬이 간격을 가지는 것이 좋다. 자신의 키와 성량에 따라 스탠드 높이를 조절해 주도록 하자. 레코딩은 어느 정도 몸과 소리의 메커니즘을 깨달았을 때 하는 것을 추천한다. 레코딩은 라이브와 다르게 섬세한 보컬능력이 요구되기 때문에 작은 숨소리도 스스로 퀄리티를 높일 수 있도록 준비하는 것이 좋다. 튠의 효과는 상상 이상으로 훌륭하다. 하지만 사람이 직접 내는 감성과 느낌의 중요성 은 배제할 수 없다. 마이크 사용은 경험이 쌓일수록 노하우가 생긴다. 연습을 통해 차분히 익혀볼 수 있도록 한다.

★ 마이크의 사용방법을 제대로 알고 있따면
훨씬 자신감 있게 노래할 수 있따,

에필로그

어느덧 마침표를 찍게 되었다. 이 책을 집필하면서 참 많은 감정을 느꼈다. 그중 가장 주된 마음은 필자의 제자들과 노래를 사랑하는 모든 이들이 보다 쉽고 정확하게 연습하여 꿈을 키워갈 수 있도록 각자의 음악인생에 있어서 좋은 참고서의 역할을 다하고 싶다는 것이었다. 필자는 현재도 앞으로도 제자를 양성하며 음악인생을 이어갈 것이다. 음악을 사랑하기 때문이다. 항상 감사함을 느낀다. 내가 사랑하고 꿈꿔왔던 일을 하며 살아갈 수 있다는 것에.

그간 참 많은 사람을 가르쳤고 그로 인해 나 자신도 성장해 왔었던 것 같다. 성장이라는 원동력이 내 삶의 이유를 일깨워 주었고 미래지향적인 사고를 가능하게 만들어 주었다. 독자들의 인생에 있어서 원동력은 무엇인가? 가족, 건강, 사랑, 일 등 다양할 것이다. 음악은 다양한 원동력에 있어 삶의 또 다른 행복을 주는 선물 같은 존재일 것이다. 노래를 부른다는 것은 행복의 시작이 아닐까 싶다. 불행해지려고 노래를 부르는 사람은 없다. 꿈과 행복을 위해 많은 사람들이 노래를 부를 것이다. 가수활동을 하는 제자, 실용음악과에 다니는 제자, 실용음악과에 입학하고자 하는 제자, 지도자가 되기 위해 준비하는 제자, 뮤지컬배우가 되기 위해 준비하는 제자 등 필자의 제자와 음악을 좋아하는 사람들이 행복해지기 위해 음악을 하였으면 좋겠다. 행복과 불행, 미래의 앞날은 결국 스스로가 만드는 것이다.

이 책은 마침표를 찍고 여러분의 곁에 함께할 것이다. 하지만 여러분의 음악인생에서는 이 책이 행복한 시작을 함께하길 바란다.

2018년 5월

김중협

수업 후기

이길호(24세, 보컬 트레이너)

제가 어느덧 김중협 선생님을 만나서 보컬 트레이닝을 받은 지 5년의 시간이 흘렀습니다. 선생님을 만나고 나서 가장 많이 바뀐 점은 발성이라고 자신 있게 말씀 드릴 수 있습니다.

중2 때부터 타 선생님들에게 보컬 레슨을 받았었던 저는 평소 노래를 30분만 해도 성대가 따가워서 물을 자주 찾곤 했었는데 김중협 선생님께 발성을 제대로 배우고 난 후엔 성대에 무리가 가는 일이 없어졌습니다. 그리고 제가 노래를 할 때 답답한 부분이 있을 때면 항상 선생님께 질문을 하는데, 그럴 때면 저는 항상 마음속이 뻥 뚫리는 사이다 한잔을 마신 듯한 기분을 경험하곤 합니다. 보컬이라는 분야가 추상적이고 막연한 부분이 많은데 선생님께서 해결해 주실 때 정말 신기한 감정을 많이 느낍니다. 제가 더 많이 성장해야겠다는 자극제가 되기도 합니다.

선생님께서는 저에게 '교학상장(敎學相長)'이라는 사자성어를 알려 주셨습니다. 이는 스승은 제자에게 가르침으로서 성장하고, 제자는 스승에게 배움으로서 서로 진보한다는 뜻인데, 이 교육철학을 듣고 나서 수업을 받으니 선생님의 수업을 더욱 뜻깊고 알차게 받아들일 수 있었습니다. 어느덧 시간이 흘러 대학을 수석졸업하고 저도 학생들을 가르치는 보컬 트레이너로 성장할 수 있게 되었는데 제가 가르치는 커리큘럼은 김중협 선생님께서 지도해 주시지 않았다면 아마 이루어지지 않았을 거라 확신합니다.

저에게는 선생님, 어떻게 보면 음악선배라고도 말할 수 있는데 저는 그렇게 말하고 싶지 않고 제 인생에 있어서 중요한 방향지시등이라고 말씀드리고 싶습니다. 제가 앞으로 어떤 길을 나아가야 할지 현실적인 부분과 진로적인 부분을 제 마음이 콱 와닿게 말씀해 주시는 제 인생에서 없어서는 안 될 선생님입니다. 앞으로도 선생님께 궁금한 점이 있을 때 혹은 그냥 아무런 이유 없이 기대고 싶을 때면 선생님께 연락드려서 마음의 평화를 찾을 것 같습니다. 그래도 이해해 주시길 바랍니다. 선생님. 항상 감사드리고 제가 많이 존경하고 의지합니다!

이보람(33세, 작곡가/작곡 트레이너, 음악공간 숲 대표)

안녕하세요. 저는 중앙대학교 음악과를 졸업하고 중앙대 음악대학원을 수료한 작곡가 겸 작곡 트레이너 입니다. 제가 작곡가 겸 트레이너로 필드에서 활동하고, 학생들을 가르치면서 항상 갈망하던 부분이 보컬적인 향상이었습니다. 곡을 쓰고 있지만 노래의 깊이가 생기면 훨씬 폭넓게 활용할 수 있을 거라 생각 했습니다.

그동안 악기 쪽은 다양하게 배워서 곡을 쓰는 데 수월했지만 보컬 쪽으로는 한 번도 공부를 해본 적이 없었습니다. 그래서 제대로 된 보컬레슨을 받으면 곡 쓰는 데 도움이 많이 될 것 같아 3년 정도 레슨을 찾아 봤었는데 원하는 선생님을 못 만나고 있던 찰나, 김중협 선생님을 알게 됐습니다. 제가 여자인 관계로 그동안은 여자 선생님께 배우는 게 편하겠다 생각하고 남자 선생님은 꺼려 왔는데 김중협 선생님의 프로필과 커리큘럼을 보니 이 선생님은 놓치면 안 되겠다 싶어 레슨을 시작했습니다. 그런데 레슨 첫날부터 느낀 게, 남자 선생님이심에도 불구하고 굉장히 편안했습니다. 레슨은 레슨대로 카리스마 있게 하시면서도 학생이 긴장을 풀 수 있도록 편하게 해 주셔서 그동안 왜 여자 선생님만 고집했을까? 선생님을 더 일찍 만났으면 좋았을 텐데, 하는 생각이 들었습니다. 게다가 제가 음악을 하면서 봐 온 보컬 전공자분들에 비해 발성법을 굉장히 전문적으로 가르쳐 주셔서 또 한 번 놀랐고요!

현재 선생님께 수업 들으며 스스로가 많이 향상되고 있는 것이 느껴져 정말 뿌듯하고 행복합니다. 선생님께서는 녹음에 대한 중요성을 많이 부각하십니다. 내가 듣는 소리와 남이 듣는 소리가 과학적으로 왜 다른지도 선생님을 통해 알 수 있게 되었습니다. 레슨 때마다 직접 제 노래를 녹음하면서 수업을 해 주시는데 그때마다 너무도 적나라한 제 목소리를 들으며 반성도 많이 하고 충격도 꽤 받았지만 그 덕에 선생님께서 하시는 말씀들이 더 깊게 와닿게 되니 실력이 안 늘려야 안 늘 수가 없는 것 같습니다.

리뷰 쓰는 일이 제 인생에 손에 꼽을 만큼 흔한 일이 아닌데 이 후기를 통해 감사드린다는 말씀을 전하고 싶습니다. 김중협 선생님을 만난 건 제겐 정말 행운이에요! 여러분도 꼭 그 행운을 만나시길 바랍니다.

박은서(24세, 실용음악과 입시생)

안녕하세요. 저는 김중협 선생님께 레슨을 받고 있는 24살 박은서입니다. 군대를 제대하고 진로에 대해 고민하던 중 실용음악과 진학을 위해 입시생 중에서는 늦깎이로 음악을 시작하게 되었습니다.

아무래도 남들보다 늦게 시작하는 만큼 신중하게 고민했고 좋은 선생님을 만나고 싶었습니다. 많은 선생님들과 학원을 알아보던 중 김중협 선생님께 배우게 되었고, 저는 지금 1년 4개월째 레슨을 받고 있습니다. 레슨 첫날이 아직도 생생합니다. 제 문제점을 파악하기 위해 테스트를 받았는데 노래를 듣고 저의 문제점을 제가 알기 쉽게 설명해 주셨고 앞으로 어떻게 극복해 나아갈지 잘 알려 주셨습니다.

저는 성대에 힘이 너무 많이 들어가서 성대가 조여지고 후두가 올라가 고음이 불안정했으며 노래를 부를 때에 사용되는 호흡량과 압력의 조절이 안 됐습니다. 기반을 다지기 위해 호흡근 단련과 호흡 압력의 조절을 위한 호흡 훈련과 노래를 병행하며 앞서 했던 호흡 훈련의 성과를 노래에 적용하면서 저의 또 다른 문제점인 고음에서 과하게 조여지는 성대와 하늘 높은 줄 모르고 올라가는 후두를 바르게 잡아주는 법을 배운 결과! 처음과 달라진 저의 노래하는 모습에 선생님에 대한 신뢰가 더욱 쌓이고 뿌듯해짐과 함께 자신감이 상승했습니다.

저는 레슨을 받기 전에는 고음이 최고라 생각하고 고음은 무조건 소리를 내지르고 힘만 써야 된다고 생각했었고, 또 그런 제가 노래를 잘한다고 생각했습니다. 하지만 레슨을 받으면서 저는 노래, 음악이 아닌 소리를 지르고 있었다는 것과 함께 고음을 지르기만 하는 것이 아니고 그 가사 하나하나에 맞는 감정의 표현과 함께 절제도 할 줄 알아야 한다는 것을 알게 되었습니다. 처음보다 훨씬 노래하기도 편해지고 안정적으로 부를 수 있게 되었지만 아직 갈 길은 멀기 때문에 앞으로도 김중협 선생님을 믿고 더욱 섬세하게 표현하고 저만의 감성을 표출하며 잘 전달할 수 있도록 나아갈 겁니다.

항상 제 음악성을 키울 수 있게 도와주시며 저의 의지가 약해질 때, 살아가면서 제가 힘들거나 지칠 때 힘이 되어주시고 인생에도 큰 힘과 도움을 주시는 김중협 선생님 항상 감사드립니다! 앞으로도 잘 이끌어주세요!

정인아(21세, 실용음악과 재학생)

김중협 선생님께 수업을 받으면서 좋은 점이 너무 많아서 다 적고 싶지만 간략하게 3가지 요약해 보겠습니다!

1. 발성에 확신이 생겨요!
보컬을 전공으로 하고 있는데 혼자 있을 때는 괜찮은데 무대나 사람이 많이 있는 곳에서 너무 떨리고 어찌할 줄을 몰라 실수투성이였어요. 선생님을 만나고 어떻게 해야 확실한 발성을 표현할 수 있는지 명확해져서 사람이 많은 곳에서 노래 불러도 실수하지 않고 부를 수 있게 되는 제 자신이 신기했어요!

2. 음악성이 넓어진다!
단순히 노래가 아닌 예술로서 음악성의 폭이 넓어지고 있어서 음악인으로서, 예술가로서 성장하는 제 자신이 뿌듯하고 기대됩니다!

3. 진로에 대해 막연함이 아닌 체계성을 가질 수 있습니다!
제가 아무래도 전공생이다 보니 진로와 미래에 대해 고민을 선생님께 많이 털어놓습니다. 그럴 때마다 여러 가지의 길을 제시하고 이 길에 대한 대안을 마련해 주셔서 정말 든든하게 선생님에게 콕 붙어서 항상 옆에 있고 싶은 마음뿐입니다. 음악을 하다 보면 앞날에 대해 고민을 많이 하게 되는데 선생님과 함께라면 복잡한 고민을 하며 막연한 미래의 불안감에 휩싸이기보다는 비전을 가지고 인생을 꾸릴 수 있어 선생님께 감사한 마음이 많이 듭니다.

단언컨대 최고입니다! 선생님 감사드립니다!

김진희(27세, 뮤지컬 배우/뮤지컬 강사)

뮤지컬 배우이자 학생들을 가르치는 선생님으로 활동 중인 김진희입니다. 음역대가 낮고 고음을 낼 때 성대가 풀려버려 고민이 많았습니다. 많은 선생님들께 다양한 발성법을 배우며 긴 시간동안 레슨을 받았습니다. 단순히 스케일 발성을 할 때는 어느 정도 좋아짐을 느꼈는데 이 발성을 노래에 적용하는 게 안 됐었습니다. 선생님들에게 여쭤봐도 공감이 가지 않는 말씀들만 하시고… 저도 레슨을 오랫동안 배워서 감이라는 게 있는데 저도 할 수 있는 말들만 되풀이 하셨습니다. 레슨 받는 입장에서 돈과 시간이 아깝게 느껴졌습니다.

기존에 하던 레슨을 과감히 정리하고 내가 직접 선생님을 찾아보자는 마음에 여러 선생님들을 알아보기 시작했습니다. 저도 대학을 졸업하고 배우로 활동하고 학생들도 가르치는데 제가 보기에 평범해 보이는 분에게 가기가 솔직히 자존심이 상했습니다. 레슨 받는 걸 당분간 접을까 하다가 김중협 선생님을 처음 뵙고 제가 충분히 기대고 배울 수 있겠다는 느낌에 확신을 가지고 선생님께 레슨을 받게 되었습니다. 김중협 선생님을 만나고 가장 큰 고민이었던 노래에서의 중·고음이 많이 해결됐습니다. 다양한 발음과 리듬에서 어떻게 중·고음으로 진입하고 해결할 수 있는지 고민을 뻥 뚫어 주시는 분입니다. 이전에 막막했던 느낌은 언제 그랬냐는 듯이 사라졌습니다. 매주 수업 때마다 제가 고민하고 있는 모든 부분을 정말 시원하게 해소시켜 주십니다.

앞으로도 선생님께 오랫동안 배우고 연습하면서 대한민국 최고의 뮤지컬 배우가 될 수 있도록 노력하겠습니다! 선생님은 제 인생에 은인이십니다! 항상 감사드립니다!

김태홍(22세, 실용음악과 입시생)

페달에 발이 닿지 않아 애쓰며 드럼을 치던 어린 아이 때부터 그냥 악기가 좋아서 막연한 열정으로 음악의 표현 방법과 특색의 무지함도 모른 채 화려한 연주만이 멋진 음악이라는 생각에 몰입했었습니다. 싱어송라이터를 꿈꾸며 지금의 스승님이신 '김중협 선생님'을 만나기 전까진 그랬습니다. 결코 길지 않은 짧은 기간이지만 수없이 많고 긴 가르침에 저의 무지한 음악이 비로소 눈뜨며 성장하기 시작했습니다. 선생님을 만나기 전 그저 돈과 회원 등록이 우선 순위 였던 분들과 달리 처음으로 접한 진솔함! 저의 문제점과 앞으로의 방향을 위해 콕콕 집어주시는 부분들에서 진정성을 깊이 느끼는 만남이었습니다.

우리가 흔히 접할 수 있는 소셜 네트워크에서 보는 흔한 트레이닝과는 달리 매 시간마다 확실한 피드백으로 어느 한 장르에 국한되지 않는 다양한 음악을 할 수 있도록 많은 영감을 갖도록 지도하셨습니다. 제가 집중하지 못하는 수업 중에는 이유와 많은 고민들을 들이시며 따뜻한 조언들로 해결되며, 인간관계의 많은 도움을 주시곤 합니다. 이러한 진심 어린 정성의 가르침은 많은 감동을 줍니다.

저와 같은 새내기 음악인부터 맥을 잡지 못해 힘든 슬럼프를 겪고 계시는 모든 많은 뮤지션 분들께 이 책을 권합니다. 선생님의 이 가르침으로 음악의 기로에서 한 걸음 더 내딛기를 바라며 제게 주신 가르침이 이 책을 통해 더 많은 분들의 배움이 되길 바랍니다.

황소영(24세, 보컬트레이너)

김중협 선생님께 레슨을 받으면서 느꼈던 가장 큰 장점은! 나만의 색깔을 찾는 것, 내 장점을 더욱 극대화시키는 것입니다. 사실상 누구나 당연하게 여기지만 많은 보컬 트레이너와 배우는 사람들이 간과하고 있는 부분들입니다.

저는 백제예술대학교를 졸업하고 보컬 트레이너로서 삶을 살아가고 있습니다. 하지만 저는 음악을 처음 시작했을 때부터 잘못된 발성과 호흡, 실용음악과 학생이라는 틀 안에 박혀 있는, 그저 색깔없는 보여주기식 노래를 해왔던 전형적인 실음과 출신이었습니다. 졸업 후 그걸 그대로 학생들에게 가르쳐주며 스스로도 뭔가 잘못됨을 느꼈습니다. 내 자신의 진실된 노래가 아닌 들려주기식의 감정 없는 노래를 해오고 가르쳐 왔음을 깨닫게 됐습니다. 그래서 지방에서의 트레이너 생활을 정리하고 발전된 제 모습을 위해 서울로 올라와 김중협 선생님께 본격적으로 레슨을 받기 시작했습니다. 김중협 선생님의 레슨은 처음에는 낯설고 어색하게 느껴졌습니다. 제가 배우던 발성과 호흡법이 아닌 몸의 구조를 정확하게 이해하고 제가 낼 수 있는 편안한 호흡과, 성대 스트레칭이 동반된 부담이 없는 발성 등 많은 방법들을 알게 되었습니다. 발성 같은 부분은 부담을 주지 않기 때문에 예전엔 힘들게 성대에 부담을 주면서까지 높은 음을 내곤 했었는데, 지금은 내가 이 음에서 왜 약했었는지, 어떻게 해야 하는지를 알게 되어서 소리 내기에 편해졌고, 그 덕분에 음을 올리는 부담감을 느끼기보다는 가사에 더 집중할 수 있게 됐습니다. 그래서 더 전달력 있는 노래를 할 수 있게 됐습니다. 선생님께 레슨을 받으면서 기본기는 이렇게 연습했어야 함을 느꼈습니다.

레슨을 받으면서 전과 달라진 게 있다면 노래할 때 목이 전혀 아프지 않게 됐다는 점입니다. 전에는 무리한 발성과 잘못된 호흡법으로 완곡을 하고 나면 목도 아프고 힘들기만 했지만, 지금은 편안한 발성법을 알게 돼서 완곡을 해도 목이 아프지 않았습니다. 또 감정선이 많이 달라졌습니다. 예전의 저는 호소하는 듯이 호흡을 많이 쓰며 노래를 했었고 그게 감정 표현의 전부라고 생각해서 쓰지 않아도 될 부분들까지 호흡으로 표현했었습니다. 지금은 호흡보다는 내 목소리와 가사를 이해하고 내뱉어지는 가사들과 그에 맞는 나의 표정과 '진심'이라는 감정에 치중해서 진정성 있게 사람들에게 내 이야기를 들려줄 수 있도록 소통할 수 있는 노래를 하게 된 것 같습니다.

그리고 제가 선생님께 노래를 배우는 중요한 이유가 있습니다. 노래를 잘 가르친다, 라는 주제를 벗어나서 가르치는 사람과 배우는 사람 사이에서 인간다움이 존재한다, 입니다. 예전의 저를 포함한 많은 보컬 트레이너는 학생들을 겉으로만 감싸주는 사람이 많습니다. 달래주고 위로해 주고 하지만 서로를 음악생활의 동반자라고 생각하는 사람은 사실 정말 드물죠. 또 학생들도 그렇게 느끼는 경우도 드문 게 현실입니다. 김중협 선생님은 가끔은 친구처럼 얘기를 들어주시고 또 많은 얘기를 해주시면서, 편안하고 믿을 수 있는 내 인생에 빼놓을 수 없는 좋은 스승님이 되어주셨습니다. 누군가의 앞에서 게다가 한 사람 앞에서 노래를 부르는 게 떨리고 어색한 학생들이 많을 텐데 선생님 앞에서 노래를 할 때 부담없이 편안하게 노래를 할 수 있게 만들어 주시는 게 최고의 장점이 아닐까 싶습니다.

제가 앞으로 음악인으로서 선생님으로서 살아갈 때 많은 부분들에 대한 고민상담을 할 수 있고 기댈 수 있는 좋은 사람으로 남을 정말 좋은 선생님이라고 생각합니다. 선생님. 감사합니다.

고민주(21세, 실용음악과 재학생)

저는 고1때부터 음악을 시작했습니다. 3년을 열심히 했는데 대학을 떨어졌습니다. 재수를 하기로 마음먹고 선생님을 찾기 시작했습니다. 처음 김중협 선생님의 화려한 경력을 보고 이야기를 나누고 싶어 찾아뵙게 되었습니다.

제가 학원도 여러 군데 다니고 많은 선생님들에게 레슨을 받다 보니 사실 의심이라는 것을 항상 가지고 있었습니다. 김중협 선생님께서는 현실적인 대안과 앞으로의 이상적인 지향점을 올바르게 선정해 주셨습니다. 선생님께 배우면 내가 많이 성장할 수 있겠다는 마음에 선생님 밑에서 열심히 배우기를 시작했습니다. 정말 그 전과는 확실히 다른 강의를 많이 느꼈고 무엇보다 제 스스로가 몸으로 이해할 수 있도록 올바르게 지도해 주셨습니다!

제가 가장 잘할 수 있는 게 어떤 것인지, 제가 어떤 발성을 통해서 감정을 전달해야 하는지 공감할 수 있도록 쉽고 정확하게 가르쳐주시는 최고의 선생님입니다. 올해 서울에 상위권 실용음악과에 입학하게 된 건 선생님 덕분이라 생각합니다. 작년 한 해 선생님이 없었다면 전 아마 포기했을 것 같습니다. 감사합니다. 선생님. 진심입니다. 정말 사랑합니다.

송병일(20세. 실용음악과 입시생)

안녕하세요. 저는 김중협 선생님의 제자 송병일 학생입니다. 선생님께 배운 지는 2년이 넘은 것 같습니다.

선생님에 대하여 이야기를 해보려고 합니다. 선생님은 수업시간에는 엄격한 선생님이십니다. 하지만 수업시간이 아닐 때는 아주 편안한 분입니다. 수업시간에는 저를 바로 잡아주시고 수업이 끝나면 저를 다독여 주시는 분이라고 생각합니다. 만약 선생님께서 편하게만 하셨으면 저는 풀어진 제 정신 상태를 바로 잡아줄 사람이 없어서 더욱 해이해졌을 것이라고 생각합니다.

선생님께서는 마스터키 같으신 분입니다. 모든 방면으로 훌륭하십니다. 선생님으로서 지도력과 보컬리스트로서 노래실력까지 모두 갖추고 계십니다. 선생님의 노래는 제 지친 마음을 치유해주는 소중한 소스입니다.

노래만 잘 부르시는 것이 아닙니다. 학생의 입장에서 정말 알기 쉽게 수업해 주십니다. 선생님께서는 제자들에게 어떻게 하면 더 많은 것을 이해하기 쉽게 알려줄 수 있을까를 고민하시는 분입니다. 저도 열심히 음악을 공부하고 노력해서 선생님처럼 자신의 분야에서 인정받는 훌륭한 사람이 되고 싶습니다. 끝으로 선생님 항상 존경합니다. 사랑해요.

김준호(19세, 가수 지망생/실용음악과 입시생)

김중협 선생님께 보컬 수업을 받으면서 선생님이 정말 대단하다는 생각을 많이 하게 됩니다. 제가 크게 고민하고 있는 여러 방법들을 막힘없이 풀어주시기 때문입니다. 정말 단 한 번도 막막하게 답변을 주신 적이 없었습니다. 제 몸이 스스로 느낄 수 있어 더욱 존경심이 생겨나게 되는 것 같고요.

수업 갈 때마다 2시간 거리를 가면서도 항상 행복하고 좋은 마음으로 갑니다. 제가 말하는 것만으로도 현재 제 성대 상태가 어떤지, 얼마나 심각한지 다 알고 계시고 발성에 대해 이론적인 것들도 많이 알려주시는 데다, 학생의 눈높이에 맞춰 최대한 자세하게 모든 걸 설명해 주십니다. 제가 원래 성대결절이 있어서 선생님께 지금 계속 발성교정을 받고 있는데 트레이닝 받으면서 목이 뚫린다는 느낌을 받을 수 있고 또한 제가 실용음악과 입시와 가수의 꿈을 키우고 있는 가운데 선생님께서 많은 도움을 주시고 계셔서 저에게는 정말 감사한 분입니다. 지금도 계속 선생님이 알려주시는 대로 연습하고 있습니다. 항상 목이 아파서 감기에 걸린 줄 알았던 목이 선생님께서 하라는 연습을 계속 하게 되니까 되게 신기하게 목도 안 아프고 걸걸한 느낌이 사라졌습니다. 수업을 할 때마다 선생님이 하시는 말씀이 있는데 수업이 끝나고 머리로 이해가 가지 않는 것이 있다면 문을 열고 나서기 전 모든 것을 질문하라고 말씀해 주십니다. 선생님의 배려와 가르침 덕에 정말 성장의 속도가 눈에 띄게 나타나고 있는 것이 스스로 신기하고 감사할 따름입니다.

저는 다른 곳에서 보컬 발성이랑 호흡을 배운 적이 있었는데 그곳에서 배우면서 성대결절이 많이 심해진 거 같고 예를 들어 턱을 내밀지 말라고 하시는데 방법을 알려주지 않고 내밀지 말라고만 하시고 항상 동기부여가 되는 수업보다는 시키니까 하게 되는 수업을 반복했었습니다. 제가 부족한 탓도 있겠지만 맞지 않는 것 같아 그만 배우고 김중협 선생님을 만나게 되었습니다.

선생님께 배운 지는 4개월이 되어 가는데 많이 아프고 성대결절이 심했던 목이 처음 왔을 때보다 확실히 목소리도 잘 나오고 목이 아프지도 않고 항상 목에 가래가 껴있던 것 같았는데 지금은 그렇지도 않고 정말 행복합니다! 흉복식 호흡법도 배우고 원래 했던 호흡보다 다르게 더 많이 들어가고 나오는 것이 신기했습니다. 제가 주위에서 노래 잘한다는 소리를 듣고 자랐었는데 계속 배워보니까 제가 아직 많이 부족하고 배울 점이 많았습니다. 그래서 꾸준히 빠지지 않고 열심히 2시간 거리를 오고 가고 있습니다. 제가 가수가 되고 나서도 선생님께 계속 배울 생각이며 실력을 계속 늘려갈 생각입니다. 항상 감사합니다. 선생님. 제가 배우면서 선생님 같은 분은 한 번도 보지 못했습니다. 항상 노력하고 열심히 배우면서 훌륭한 제자가 될 수 있도록 하겠습니다!

허준(22세, 가수 지망생/실용음악과 입시생)

중학생 때부터 하고 싶고 배워 보고 싶었던 음악. 성인이 되고 난 후 저는 무작정 보컬 트레이닝을 받기로 결심했습니다. 그렇게 뵙게 된 선생님이 김중협 선생님이셨습니다.

지금까지 레슨을 받으면서 가장 기억에 남았던 때가 있습니다. 첫 수업이었습니다. 저는 가장 자신 있는 노래를 불렀고 선생님께서는 노래에 대한 평을 해 주셨습니다. 전문가에게 평가를 받는 것이 처음이지만 걱정보다는 기대감이 앞섰습니다. 하지만 그 기대감은 제 자신을 부끄럽게 만들었고 저는 첫 수업부터 상실감이 컸습니다. 그래도 음악적인 감각은 있다고 말씀해 주신 것이 위안 아닌 위안이 되었습니다. 음악은 예술이고 추상적이어서 힘들 것이라고 자신 있냐고 물어봐 주셨습니다. 첫 수업부터 이런 말하기가 쉬운 것이 아닌데 김중협 선생님은 제가 주위에서 들었던 보컬 트레이너들의 모습과는 달랐습니다. 첫 만남부터 '너가 선생님의 제자이니 책임감을 가지고 가르치겠다'라고 하셨습니다. 이 한마디는 제가 선생님을 믿고 따르도록 해 주는 발판이 되었습니다.

선생님의 수업을 사자성어로 비유하자면 '일취월장'이란 사자성어가 생각납니다. 일주일 동안 연습해온 연습곡을 부르면 가사 하나 빼먹지 않고 부족한 점을 알려주시고 무엇보다도 저는 고음역대로 가면서 성대가 많이 조여지는 편이라서 그 부분을 고치기가 많이 힘들었는데 바로 피드백을 주시고 다양한 방법을 알려주셔서 아직 완전히는 아니지만 정말 많이 좋아졌습니다. 콧소리도 많이 나서 후두가 많이 올라가는 문제점을 볼 수 있었는데 그 또한 많이 좋아졌습니다. 음악이 아니어도 무언가를 배울 때는 기본기가 제일 중요한데 김중협 선생님께 배우면 기본기가 탄탄해질 수 있어 정말 좋습니다. 이뿐만 아니라 성대 구조를 그림으로 그려주시면서 불수의근인 성대를 잘 이해할 수 있게 도와주시고 추상적인 것들을 제자의 눈높이에 맞춰 설명해 주셔서 매일 늘어가는 노래 실력을 보면 정말 감사하고 뿌듯합니다. 제일 좋은 점은 말로 해서 이해가 가지 않는 부분은 직접 노래를 불러주셔서 수월하게 수업을 할 수 있다는 점이었습니다.

이렇게 수업을 하다가도 인생 선배로서 아낌없이 도움이 되는 조언도 해 주시고 사람을 편하게 대해 주시는 모습이 정말 감사했습니다. 음악이 어렵다고는 하지만 김중협 선생님을 만나 배울 수 있어서 어려운 길이지만 선생님을 믿고 갈 수 있다는 것이 저에게는 제일 큰 힘이 됩니다. 사람과 사람 사이에서는 첫 만남이 가장 중요하다고 생각하는데 첫 수업부터 저에게 동기부여를 해 주시고 따끔하게 평가해 주셔서 정말 감사드립니다. 앞으로 제가 음악을 하면서도 가장 기억에 남을 한 분이십니다.

이지영(36세, 뮤지컬/연극배우)

저는 동국대학교 연극영화과 졸업, 동국대 대학원에서 석사과정 중이며 현재 뮤지컬, 연극에서 배우로 활동중인 이지영입니다.

첫 수업 때 선생님이 성대와 호흡에 관련된 것들을 중점적으로 말씀해 주셨습니다. 이전에 받았던 보컬 트레이닝과는 다른 첫 시작이었습니다. 발성기관에 대한 정확한 이해가 있어야 소리를 낼 때 자각이 가능하고 효율적으로 소리를 낼 수 있기 때문에 미리 말씀해 주시는 것 같았습니다. 내가 소리 내는 기관과 그에 맞는 움직임을 깨달을 수 있는 동기를 부여하는 데 밑거름을 심는 수업이 진행되어 첫 수업 때부터 많은 만족감이 있었습니다. 그리고 흔히 말하는 복식 호흡보다 흉·복식 호흡을 하는 것이 중요하다고 말씀해 주셨습니다. 완전한 가창 호흡을 위해서는 흉곽의 확장이 무엇보다 중요하기 때문이라고 설명해 주셨는데 실제로 복식 호흡만 하는 것보다 호흡을 들이마실 때와 내뱉을 때 많은 차이가 발생되는 것을 제 몸이 느낄 수 있었습니다. 또한 옆모습을 기준으로 했을 때 앞이 기도, 뒤가 식도인 것을 그림을 그려가며 열정적으로 설명해 주셨습니다. 그리고 우리가 소리를 낼 때는 호흡 에너지가 필요한데 처음에 과도하게 사용하는 경우 끝까지 호흡을 운용하지 못해 불안정한 상태가 된다고 하시며 여러 가지 호흡 훈련 방법을 체계적으로 트레이닝해 주셨습니다.

선생님께서 말씀하신 대로, 보컬 트레이닝 이전에 기본적으로 보이스 트레이닝을 먼저 하는 것이 왜 필요한지 수업을 받으면서 훨씬 체감이 잘 되었습니다. 선생님과 수업을 하면서 제가 그동안 알지 못했던 저의 문제점을 완벽하게 파악할 수 있었고 앞으로의 발성 방향을 꼼꼼히 체크할 수 있게 됐습니다. 돌이켜 보면 저는 노래할 때 호흡 에너지를 제대로 운용하지 못해 쓸데없이 버려지는 에너지가 많다는 것 또한 상기할 수 있었습니다. 선생님과 수업하면서 발성기관에 대한 체계적인 설명을 듣고 그에 따른 연습 방법을 훈련하게 되니 우리 몸이 얼마나 유기적으로 움직이는지를 다시 한 번 느낄 수 있었습니다.

레슨 시간이 쌓이면서 확실한 방법을 알 수 있게 되는 것이 김중협 선생님과 수업하면서 가장 좋은 장점이라고 생각됩니다. 이전에 받았던 보컬 트레이닝은 레슨이 진행되고 있지만 더욱 복잡하고 정리되지 않는 느낌이었다면 선생님과의 수업은 깔끔하게 정리되는 느낌이라 선생님을 만난 것에 감사함을 많이 느끼고 있습니다. 선생님이 의사처럼 음성의 현 상태와 앞으로의 발성교정 방법에 대해 저에게 맞게끔 정확하고 객관적으로 말씀해 주셔서 두루뭉술하고 추상적인 코멘트보다 훨씬 알기 쉬웠고 연습을 어떻게 해야 하는지 앞으로의 방향 설정에 정말 큰 도움이 되고 있습니다. 앞으로의 수업이 더 기대되는 김중협 선생님께 감사함을 전하고 싶습니다.

윤민우(20세, 실용음악과 입시생)

김중협 선생님 제자 윤민우입니다. 제가 선생님께 배우면서 점점 제 발성과 호흡이 좋아지고 있다는 것을 많이 느끼며 그 가르침대로 연습을 꾸준히 하고 있습니다.

처음 선생님께 갔었을 때 가지고 있던 문제점은 음을 올릴 때 벤딩으로 끌어 올려 음을 내는 것과 호흡이 원활하게 순환되지 않는 것이었습니다. 그로 인해 고음을 낼 때 소리가 갈라지면서 굉장히 거북하게 들렸습니다. 그러다 보니 높은 음에서 가성으로만 소리 내려 했고 진성으로 소리 낼 때는 자꾸만 음이탈이 발생했습니다. 선생님께서는 이러한 문제점을 설명해 주시고 앞으로 제가 나아가야 할 방향성이나 수업방식을 제게 제시해 주시고 믿음을 주셨습니다.

그 이후 선생님께 수업을 들으면서 문제점을 하나하나 차근차근 고쳐 나갔고 제가 스스로 연습할 수 있도록 다양한 연습법들을 설명해 주시며 제가 어떤 방식으로 기초를 다져야 할지 또 어떤 문제점이 저에게 존재하는지에 대한 것들을 자세히 알기 쉽게 알려 주셨습니다. 후두 내리기 연습을 통하여 소리를 올바르게 내는 법을 제게 알려주셔서 그로 인해 공명감이 레슨 받기 전보다 훨씬 풍부해졌고 '내가 이렇게 연습을 해야겠구나. 내가 이걸 연습하니 이만큼 늘었네?'라는 생각이 많이 들었습니다.

그리고 가장 문제였던 음이탈을 바로 잡을 수 있는 하나의 방법을 제게 알려주셨습니다. 바로 소리의 진동을 균일하게 내는 것이었습니다. 연습법은 굉장히 간단했습니다. 단지 글을 소리 내어 읽는 것. 물론 읽는 것에도 방법은 있습니다. 처음엔 제 게으름 때문에 원활하지 않았습니다. 그럴 때 제게 쓴 소리를 하시며 제가 정신 차릴 수 있게 도와주셨습니다. 그 이후부터 다만 한 시간이라도 꾸준히 연습을 하기 위해 노력하였습니다. 거짓말처럼 제가 늘고 있다는 게 보였습니다. 단 일주일 만에. 저는 그 이후 선생님을 더욱 신뢰하게 되었고 연습하는 시간이 늘어났습니다.

제가 김중협 선생님을 만난 것은 행운이라고 생각합니다. 저는 꿈이 아티스트입니다. 저의 음악성과 예술성을 마음껏 표현하는 뮤지션이 되고 싶습니다. 선생님께 배우며 저의 예술성이 탄탄한 기본기를 바탕으로 넓게 표현될 수 있겠다는 희망이 점점 높아지고 있습니다. 항상 감사하게 생각하고 있습니다. 선생님 항상 건강하시고 저에게 앞으로도 지금처럼 좋은 가르침 부탁드리겠습니다. 감사합니다!

박승민(23살, CCM 음반 준비생)

안녕하세요. 저는 김중협 선생님께 보컬을 2년째 트레이닝받고 있는 23살 박승민입니다.

21살에 처음으로 보컬을 준비하기 위해 만났던 분이 김중협 선생님이셨습니다. 아무것도 모르는 상태에서 음악 하겠다고 겉멋만 들어서 레슨을 시작했을 때, 제 인생 처음으로 가장 심하게 혼났던 것 같습니다. 연습도 제대로 하지 않으면서 결과물만 바라는 교만한 저를 돌아보게 해 주셨고 그 덕분에 더 집중해서 연습할 수 있게 되었으며, 음악이라는 길에 대해서 보다 더 진지하게 생각할 수 있었습니다. 음악이라는 예술을 직업으로 삼기 위해 힘들었던 시간들도 정말 많았지만 너무나 확연히 달라진 제 노래 실력과, 긍정적으로 변한 저의 성격, 또 아직 어리지만 조금 더 성숙해진 모습들을 보며 레슨을 통해서 노래만 배운 것이 아니고 음악이란 길을 선택했을 때에 어떻게 나아가야 할지 알려주시고 비춰주셨다는 것을 깨닫게 되었습니다.

앞으로 선생님과 함께하는 시간들이 제자분들에게 정말 큰 행운일 것이라고 생각합니다. 선생님께서는 학원처럼 정해진 커리큘럼에 맞춰서 레슨을 진행하지 않고 각 학생에게 필요한 부분들에 대해 앞으로 어떻게 연습할지 알려주시고 그 연습에 대한 결과물을 바탕으로 틀을 만들어 가십니다. 제가 변화되지 않은 채 아무것도 준비하지 않은 상태에서의 수업만으로는 절대 실력이 늘 수 없고, 레슨에 의존하지 않고 스스로 성장하는 법을 알려주시는 부분이 정말 큰 이점이고 저에게 많은 도움이 되었던 것 같습니다. 또한 노래를 알려주실 때에는 기본 호흡과 발성을 기반으로 노래에 어떻게 적용해야 하는지와 타인이 들었을 때 공감할 수 있는 감정선들을 하나하나 잡아주시고, 같은 노래를 어떻게 하면 다른 느낌으로 소화해 낼 수 있는지 직접 보여주시는 솔선수범의 모습을 보여주셨습니다. 이런 레슨을 통해서 노래의 전체적인 완성도를 높일 수 있는 방법들을 아낌 없이 모두 알려주시는 저에게 정말 감사한 선생님입니다.

노래는 잘 부르고 싶은데 어디서부터 시작해야 할지, 어떻게 해야 자신이 가지고 있는 단점을 극복하고 장점들을 살려서 노래할 수 있는지 궁금하신 분들이 선생님을 만나게 된다면 시간이 가면서 점점 해결되고 변화하는 자신을 알게 될 것 같습니다. 앞으로 음악을 접하고 시작하게 되는 분들에게 한 말씀 드리고 싶습니다. 제가 그랬던 것처럼 때로는 행복하고 때로는 정말 힘든 시간이 찾아올 수도 있지만 선생님을 만나 버티고 이겨낸다면 결국엔 좋은 결과가 있으리라고 믿습니다. 마지막으로 힘들었던 상황 속에서 항상 이끌어 주시고 격려해 주시던 선생님께 감사드립니다.

이아름(19세, 실용음악 입시생)

안녕하세요. 저는 19살 입시생 이아름이라고 합니다. 제가 선생님께 가르침을 받게 된 지는 어언 2년이 다 되어 갑니다. 15살, 제가 처음 '음악'이라는 것을 전문적으로 접했던 나이입니다. TV에 나오는 가수들처럼 무대에서 여러 사람들 앞에서 멋지게 노래를 부르는 제 모습만을 꿈꾸며 무작정 뛰어 들었습니다. 많은 사람들이 동경하는 그 아름다움 뒤엔 항상 많은 어려움과 고된 노력들이 뒷받침되어야 한다는 것을 잘 알지 못했던 15살의 어린 저에게 음악은 너무나도 힘들고 버거워져 갔습니다.

그렇게 제가 가지고 있던 꿈조차 희미해져 갈 때쯤인 17살, 김중협 선생님을 처음 뵈었습니다. 몇 년간 그저 식상한 발성만을 주된 수업으로 들어왔던 저에게 김중협 선생님의 수업은 과연 신선한 충격이 아닐 수 없었습니다. 제 노래를 듣고선 선생님은 저에게 "포장하려 하지 말고 노래라는 네 이야기를 진심으로 나에게 들려 달라" 말씀하셨습니다. 그때 이분 아니면 나는 음악을 즐기며 하지 못할 것 같다, 라는 생각이 들었고 그 때부터 선생님 밑에서 꿈을 키워 가며 음악에 매진하고 있습니다. 저는 지금까지 선생님이 하셨던 저 말씀을 가슴 속 깊이 새겨놓고 제가 사람들에게 진정 들려주고 싶은 이야기들을 전하기 위해 노력하고 있습니다. 제가 느낌을 잘 못 잡고 있는 것 같아 보이면 바로 손수 피아노 연주를 하시며 옳은 소리를 들려주시고, 반복적인 레코딩 수업으로 본인이 직접 자신의 목소리를 들어보고 비교하며 스스로 생각하고 발전할 수 있게 많은 조언들과 격려를 주십니다. 항상 실패와 실수를 두려워하지 말라고 말씀해 주시며, 학생의 장점은 더욱 돋보일 수 있게 하시고, 단점 또한 하나의 개성이 될 수 있게 도와주십니다.

한창 앞이 캄캄하기만 해 방황하던 저에게 선생님의 이런 수업 방식은 다시 일어설 수 있는 힘이 되었고, 뭐든 노력하면 할 수 있다는 희망이 되었습니다. 선생님은 학생에게 가르침을 주고자 하는 열정이 넘치시는 분입니다. 이것 또한 지금 생각해보니 제가 음악을 포기하지 않게 되었던 이유 중 하나였다고 생각합니다. 열정이 넘치시는 분에게 가르침을 받다 보니 자연스레 저 또한 열정이 넘치는 사람이 되어 있었습니다. 저에게 또 다시 음악을, 제 꿈을 향해 달려갈 수 있는 의지를 심어주신 선생님께 너무나 감사드립니다.

유희영(30세, 보컬 트레이너)

저는 실용음악과 졸업 후 현재 음반활동을 하며 학생들을 가르치는 보컬 트레이너입니다. 활동하면서 많은 스케줄을 병행하다 보니 어느 순간 발성이 힘들어져 병원을 가보았는데 성대결절 진단을 받았습니다. 중·고음이 너무 힘들어졌고 호흡의 순환도 부자연스러워졌습니다. 부끄러운 말이지만 학생들을 가르치며 내가 노래하는 것과 가르치는 것은 많이 다르다는 것을 느끼며 트레이너 생활을 그만둘까 망설이기도 했습니다. 여느 실용음악학원에는 가고 싶지 않아 유명한 대학교수님들, 누구나 이름만 들어도 알 수 있는 가수 분들에게 레슨을 몇 년 받았지만 크게 바뀌지 않았습니다.

답답한 마음에 선생님을 찾기 위해 수소문 한 끝에 김중협 선생님을 뵙게 되었습니다. 지금 선생님과 수업한 지 7개월째 접어들고 있습니다.

지금은요? 성대결절이 완전히 나았으며 이제 발성을 어떻게 해야 하는지, 노래를 어떻게 불러야 하는지 방법을 확실하게 정립할 수 있게 되었습니다. 학생들을 지도할 때도 김중협 선생님께 받고 있는 교육을 기반으로 수업하니 많이 좋아합니다. 가르치는 일을 그만두려 했던 저에게 선생님은 큰 희망이 되어주셨고 앞으로의 음악생활에 많은 조언을 주는 정말 진짜 저의 선생님이 되었습니다.

이 글을 빌어 선생님께 진심으로 감사드린다는 말씀을 올리고 싶습니다. 선생님 제자들은 유독 선생님을 많이 존경하고 따르는 모습을 처음 보았을 때, 무엇 때문에 학생들이 저렇게 믿고 따를까 생각했는데 수업을 받으며 자연스레 제 자신이 선생님을 의지하고 존경하게 되는 것을 느낄 수 있었습니다. 보컬 레슨이 필요한 많은 분들이 김중협 선생님께 꼭 배웠으면 하는 바람에 수업후기를 작성하게 되었습니다.

보컬 트레이너가 인정하는 진짜 보컬 트레이너! 국내에 몇 안 될 것으로 확신합니다. 선생님 항상 감사드립니다. 더 열심히 하겠습니다.

신진우(22세, 실용음악과 재학생)

안녕하세요. 저는 김중협 선생님의 제자 신진우라고 합니다. 저는 음악을 19살 3월에 시작했습니다. 입시를 준비하기에 너무 짧았던 시간이었던 만큼 훌륭하시고 학교를 잘 보내는 선생님을 만나길 바랐습니다. 기존에 배웠던 선생님과 수업을 진행하면 할수록 레슨 시간 약속이 잘 지켜지지 않았고 그로 인해 집중도가 떨어지고 무엇보다 수업이 잘 이해되지 않았습니다. 이것을 연습해야 하는 확실한 이유와 연습방법을 너무 두루뭉술하게 알려주어서 배우고 있는 학생의 입장에서 나를 이끌어 줄 수 있는 강한 카리스마와 실력이 있는 선생님을 만나 배우고 싶었습니다. 그래서 수소문 끝에 김중협 선생님을 알게 되었고 너무나도 배우고 싶었습니다.

선생님과 첫 수업 때 처음에는 되게 무서웠고 하기 싫다는 생각도 들었지만 제가 열심히 하고 연습하고 노력할수록 선생님은 부드러우신 분이었고 편안한 누구보다 좋으신 분이라는 걸 알게 되었습니다. 지나고 나서 든 생각은 제 스스로를 바꿔주시기 위한 선생님의 방법이었던 것 같습니다. 사실 전 게으르고 나약한 학생이었습니다. 모든 것을 탓하는 사람이었습니다. 선생님은 첫 수업에서 이 부분을 느끼셨던 것 같습니다. 제가 올바른 길로 갈 수 있도록 저를 바로 잡기 위해 그렇게 하셨던 것입니다. 선생님을 믿고 따를 수 있는 가장 큰 부분입니다. 학생이 고민하고 갈망하는 부분을 해소하기 위해 열정적으로 수업해 주시며 저의 문제점을 캐치해 주시고 조언도 많이 해 주시고 이해하기 쉽게 설명도 잘해 주셨습니다. 제 주변에 노래하고 싶어 하는 친구에게도 소개할 정도로 좋으신 선생님입니다. 선생님께 배우고 나서 무엇보다 내 노래가 가치 있는 노래라는 것을 깨달았고 자신감도 많이 생겼으며 발성은 물론 표현력이나 감정을 나타내는 것도 자연스러워졌습니다. 선생님을 만나기 전 의미 없는 수업을 들었을 때는 지적당하고 지적당한 부분을 시원하게 해소하지 못한 채 그저 난 노래를 못하는 사람, 노래하면 안 되는 사람이라고 생각했는데 선생님을 만나고 배우면서 단점은 정확히 극복하고 장점은 부각할 수 있게 되었고 희망적인 뮤지션의 꿈을 꿀 수 있었습니다. 남들 앞에서 노래하기 쑥스러워 했던 제가 먼저 하려고 하고 들려 주고 싶어 할 만큼 자신감이 생겼습니다. 노래 실력은 말할 것도 없이 안정되고 늘었습니다.

제가 음악을 하면서 최종적인 꿈이 생겼는데 바로 김중협 선생님 같은 분이 되어서 제가 좋아하는 음악을 평생 즐겁게 하고 제자들을 올바르게 가르칠 수 있는 좋은 선생님이 되는 것입니다. 그 정도로 많이 존경하고 배운 지 3년이 넘어 가는데 앞으로도 쭉 배우면서 많은 것을 느끼고 싶습니다. 선생님 정말 감사드립니다.

윤덕원(18세, 고등학생)

저는 부천에 사는 윤덕원이라고 합니다. 저는 보컬이 정말로 배우고 싶었던 학생입니다. 저는 음치, 박치 소위 말하는 정말 노래 못하는 사람이었습니다. 아무런 기초도 없는 저를 잡아주실 수 있는 실력이 있으신 보컬 트레이너 선생님을 찾다가 김중협 선생님을 만나게 되었습니다. 처음 선생님의 경력을 보고 혹했습니다. 단순히 음악을 하시는 분이 아니라 지도 분야에서 커리어를 확실히 가지신 분이라는 생각이 들었습니다. 주변 친구들 중에 보컬 트레이닝을 받아본 친구들이 꽤 있었는데 효과가 별로 없다고 해서 배워야 하나 말아야 하나 고민 많이 했습니다. 선생님을 직접 만나 뵙진 않았지만 선생님의 경력을 보고 일단 만나 뵙고 싶었습니다.

처음 선생님을 뵈었던 날 선생님께서는 저에게 여러 가지 말씀을 해 주셨습니다. 단순히 배우면 좋아질 수 있다고 하지 않고 제 자신의 의지와 노력이 함께해야 한다고 하셨고, 제 상태를 확인하시고 연습에 투자하지 않으면 선생님에게 배워도 노래가 늘 수 없으니 의지와 각오가 준비되어 있지 않다면 배우지 않는 것이 낫다고 현실적으로 조언해 주셨습니다. 선생님을 뵙기 전 사실 실용음악학원 몇 군데를 갔었는데 뭔가 제가 고객이 된 듯한 느낌이었습니다. 그런데 선생님은 학생의 입장에서 뼈 있는 말들을 많이 해 주셨고 마음에 와닿는 부분이 많았습니다. 냉정하게 생각해야 한다는 말씀이 더욱 선생님에 대한 신뢰와 믿음으로 이어진 것 같습니다. 저는 친구들과 노래방을 가면 다들 음치인 걸 알 정도라서 저 역시 제가 음이 틀리는 걸 알고 어느 순간부터 노래 부르는 것을 꺼리게 되었습니다. 그런데 정말 노래를 잘하고 싶었습니다. '과연 이런 나 같은 사람이 음치를 교정할 수 있을까?'라는 의문을 갖고 있었는데 선생님께서는 제가 고민하고 있는 부분을 정확히 파악해 주셨고 그에 맞는 연습 방법을 자세히 알려주셨습니다.

우선 음치란 무엇인지, 왜 음치가 되는지, 어떻게 교정해야 하는지에 대해 설명해 주시고 어떻게 해야 하는지 방향을 제시해 주셨습니다. 방향을 알려주시니 저는 선생님 말씀대로 연습을 하며 교정한 지 2주 만에 음치를 전부 교정하게 되었습니다. 너무 신기했습니다. 제가 아직 어리지만 어렸을 때부터 항상 음치로 살아온 제가 정말 자연스럽게 음을 표현할 수 있다는 것이 정말 너무 신기하고 감사했습니다. 음치가 교정된 이후에 노래를 통하여 선생님과 함께 앞으로의 방향이나 레슨 방법에 대하여 설명해 주셨습니다. 제 스타일이나 문제점을 파악하시고 제게 방향이나 방법을 제시해 주시며 선택할 수 있게 해 주십니다. 선생님께 배우면서 가장 좋았던 부분은 학생의 눈높이에 맞게 설명해 주셔서 더욱 더 빠르게 효과를 볼 수 있었다는 점입니다. 아무것도 모르는 저 같은 학생도 쉽게 배울 수 있도록 정확한 방법으로 항상 배려해 주시면서 수업해 주셨습니다.

저처럼 음악에 대한 기본기가 없으신 분, 혹은 음악을 전공이신 분들도 꼭 김중협 선생님에게 배웠으면 좋겠습니다. 선생님을 만나게 된 건 행운인 것 같습니다. 앞으로도 오랜 시간 동안 배우며 발전하고 싶습니다. 감사합니다. 선생님!

양주희(22세, 뮤지컬학과 재학생)

안녕하세요. 저는 김중협 선생님 제자 양주희라고 합니다! 선생님과 수업을 하며 느낀 점은 무엇보다도 이런 선생님과 수업을 할 수 있다는 것에 감사하다는 것이었습니다.

저는 이전에 많은 선생님들과 수업을 했습니다. 많은 선생님들 중에 저는 김중협 선생님 수업에 정말 큰 감동을 느꼈습니다. 물론 전에 수업을 함께 했던 선생님들도 잘 가르쳐 주신다고 생각했습니다. 하지만 선생님과 수업하면서 다른 선생님들에게서 느끼지 못한 수업의 통쾌함을 느낄 수 있었습니다. 제가 그동안 다른 선생님들께 뭉뚱그려 들었던 설명들을 김중협 선생님께서 통쾌하게 풀어주셨기 때문입니다. 저는 '와, 이런 수업은 선생님밖에 못 하겠구나' 생각했습니다. 설명을 해 주시는 것 자체가 달랐습니다. 항상 노래를 배울 때 뭉뚱그려서만 설명 듣고 배웠던 부분을 김중협 선생님께서는 정말 자세하게 저에게 맞춰서 이론적으로 머리로 이해를 시켜주신 후 그 후에는 몸으로 느낄 수 있도록 해 주시는 선생님의 수업은 정말 최고였습니다. 그동안 머리로만 알지 몸으로는 몰랐던 것들을 느끼게 해 주셔서 정말 감사했습니다. 김중협 선생님께 배우기 전까지는 항상 노래에 대한 답답함을 느끼고 연습하면서 스트레스를 받아서 결국 노래에 대한 큰 흥미와 관심도 점점 없어지고 자신감도 많이 떨어지고 결국 나는 노래는 아닌가, 라는 생각이 들었습니다. 그때! 그래도 포기하고 싶지는 않아 지푸라기라도 잡자라는 심정으로 우연히 선생님을 만나 수업을 듣고 선생님 덕분에 다시 한 번 노래에 대한 흥미가 살아나고 재미있다! 할 수 있겠다는 자신감도 생겼습니다! 그리고 이 길을 다시 한 번 내 길이라고 생각하고 나아가고 싶다, 라는 생각이 들게 해 주셨습니다.

아직 저는 한참 부족한 것을 알기에 그렇기에 더 성장하고 발전할 수 있는 것이 많다는 것을 알기에 선생님과의 앞으로가 너무 기대가 됩니다. 선생님 앞으로도 잘 부탁드립니다! 노래에 대한 흩어져 있던 퍼즐 조각들을 하나하나 맞춰 주셔서 감사합니다!

심민규(26세. 가수)

안녕하세요. 망고팔트라는 밴드로 활동 중인 심민규입니다. 저는 숭실대 실용음악과에 재학 중이며 소속사에서 아티스트로서 현재 활동중인 가수입니다. 일단 김중협 선생님의 책 출간을 진심으로 축하드립니다. 이렇게 좋은 책이 세상에 나올 수 있다는 것이 참 기쁩니다.

저는 교통사고로 인해 왼쪽 성대가 완전히 마비되는 일을 겪었습니다. 노래를 하는 음악인으로서 인생에서 절체절명의 위기였고 절망감에 빠져 고통스러운 하루하루를 보내고 있었습니다. 가만히 방치하고 있을 수 없어 병원에서 음성치료를 받았지만 쉽게 호전되지 않아 더욱 우울한 날들을 보내고 있던 중 김중협 선생님께 발성교정을 받게 되었습니다. 선생님을 찾아뵙고 제 상태에 대해 말씀드리며 많은 이야기를 나누었습니다. 심적으로 안정이 되는 느낌이었고 선생님께서는 충분히 다시 원래 성대를 찾을 수 있으니 안심하라고 말씀해 주셨습니다. 빨리 레슨을 받고 싶었고 선생님께서 너그럽게 이해해 주셔서 다음날부터 발성교정을 받게 되었습니다. 첫 수업 날 제 성대 상태에 대해 자료를 보여드렸고 선생님께서 차근차근 성대마비 회복을 위한 발성교정을 진행해 주셨습니다. 평소 잘 몰랐던 성대의 구조와 원리에 대해서 더 잘 알게 되었고 자신의 성대가 어떤 원리와 작용으로 소리가 나고 노래로 발전되는지 더 깊이 알 수 있었습니다. 선생님께서는 성대는 컨트롤이 힘든 근육이니 너무 조급해 하지 말고 선생님과 자신을 믿고 함께 좋은 결과를 이루자고 말씀해 주셨습니다. 하루하루 꾸준히 수업 때마다 선생님께서 알려주신 방법을 토대로 연습하였고 생활 습관과 목 관리 방법도 알려주셔서 묵묵히 노력했습니다.

그 결과 김중협 선생님의 음성치료 덕분에 4개월이라는 짧은 시간에 성대 마비가 완치되었습니다. 정말 행복했습니다. 아, 나도 다시 노래할 수 있구나. 정말 감사했고 또 감사드렸습니다. 현재도 선생님께 꾸준히 트레이닝을 받으며 가수로서 더 발전될 수 있도록 훈련 중입니다.

여러분, 누구나 소리를 낼 수 있으며 가르칠 수도 있습니다. 하지만 누구나 사람을 바꿀 수는 없습니다. 노래를 사랑하는 많은 분들이 꼭 김중협 선생님께 트레이닝받길 바랍니다. 앞으로 더욱 열심히 노력해서 선생님께서 주신 가르침을 바탕으로 살아갈 수 있도록 하겠습니다.

이다능(26세, 보컬 트레이너)

안녕하세요. 저는 여주대학교 실용음악과를 보컬 전공으로 졸업한 보컬 트레이너 이다능이라고 합니다. 저는 실용음악과를 들어가기 위해 고등학교 3학년 시작 무렵 처음으로 노래를 배우기 시작해서 기초를 다지지 못하고 그저 입시를 위한 노래를 중점으로 배우고 학교에 들어가게 되었습니다. 그렇게 기초가 탄탄하지 못한 상태로 실용음악과에 들어가게 되니 학교에서 계속 내가 좋아하는 노래를 부르면서도 스스로 딜레마에 빠지고 계속해서 슬럼프에 빠졌습니다. 어떻게 해야 내가 더 나은 방향으로 갈 수 있는지 알 길이 없어서 늘 답답함만 가지고 있었고 늘 스스로의 실력에 만족하지 못하는 상태였습니다. 거기에 심지어 학교를 졸업하고 성대결절이 왔다는 것을 알게 되고 친구에게 고민 상담을 하던 중 친구에게 소개를 받아 김중협 선생님께 처음으로 레슨을 받게 되었습니다.

처음에는 과연 내가 잘 따라갈 수 있을까, 나도 나아질 수 있을까, 라는 생각에 반신반의하는 마음으로 레슨을 받으러 갔습니다. 저도 실용음악과를 가기 위해서 학원에서도 레슨을 받아 봤고 나아가 대학에 입학해서 교수님들께도 레슨을 받았지만 명확한 방향성, 발성의 기초를 제대로 배우지 못했습니다. 늘 제가 모르는 게 확실히 뭔지 모르고 그걸 어떻게 알아가야 할지 모르니까 제대로 질문하지 못하고 늘 제대로 된 답을 얻지 못한 상태로 어정쩡함을 가지고 있었는데 선생님께 첫 레슨을 받으면서 가장 좋았던 점은 늘 답답함으로 남아있던 점을 속 시원하게 답해 주셨다는 것입니다. 노래를 하면서 내가 왜 이런 느낌이 들게 노래를 하고 있는지 혹은 어떤 식으로 해야 어떤 소리가 나고 노래를 부르는 방식에 따라 내 목이 쓰여지는 게 어떻게 다르고 소리를 내려고 할 때는 어떻게 해야 내 목이 상하지 않고 더 좋은 소리가 편하게 나는지 등을 정말 상세하게 알려주었고 직접 들려주셨습니다. 제가 이해력이 그렇게 좋은 편이 아님에도 불구하고 제가 이해를 제대로 할 때까지 설명해 주셨고 제대로 이해했는지 저보고 직접 소리를 내보게 하면서 완벽히 이해한 걸 확인하시고 늘 다음으로 넘어갔습니다. 처음 선생님께 레슨을 받으러 갈 때 마음은 사실 진짜 지옥 같은 상황에서 마지막 지푸라기라도 잡아보자는 마음으로 찾아가게 되었는데 레슨을 받으면서 느낀 건 저한테는 동아줄 같은 느낌이랄까요. 노래에 대한 자신감도 확신도 점점 희미해져가는 도중에 성대결절이라는 얘기까지 듣고 도대체 뭘 어떻게 해야 할지 그저 막막할 뿐이었는데 결절이 회복되기 위해서 어떻게 해야 할지 늘 저와 함께 고민해 주셨고 발성교정을 진행하면서 정말 더 편하게 소리를 낼 수 있는 법을 익히게 되면서 전보다 훨씬 편하게 더 좋은 소리로 노래를 할 수 있게 되었습니다.

지금 레슨을 받게 된 지 오랜 시간이 지난 건 아니지만 짧은 단기간에 이 정도 느낄 수 있게 지도해 주신 선생님께 정말 감사한 마음으로 매주 레슨을 받고 있습니다. 레슨 때마다 그냥 한 시간 레슨하고 끝나는 것이 아니고 제 얘기를 들어주시기도 하고 고민을 털어놓으면 같이 진지하게 고민해 주시고 위로의 말도 건네 주시면서 레슨 이외에도 인간적으로 늘 따뜻하게 같이 고민해 주시는 모습에 민망해서 감사하다는 말씀을 따로 드리지 않았지만 속으로는 늘 감사한 마음이 있습니다. 제가 우연히 친구의 소개로 선생님께 레슨을 받기 시작했고 배우는 과정 속에서 제가 얻어가고 느꼈던 점들은 정말 도움이 많이 되고 슬럼프에 살아왔고 길이 보이지 않던 노래 속에 희망이랄까요. 저에게는 개인적으로 희망 같은 느낌이었습니다. 내가 열심히 듣고 노력하고 연습하면 그만큼 선생님은 늘 더 알려주려고 하셨고 더 퍼주려고 하셨습니다.

누군가 또 제게 보컬 선생님을 추천한다면 전 아마 제 친구와 똑같이 선생님을 추천할 것입니다. 제가 보고 듣고 배운 점이 분명히 큰 도움이 되었고 제가 직접 겪은 것이기 때문입니다.